AI와
비판적 포스트휴머니즘

인공지능총서

인공지능 시대입니다. 기계가 인간의 인지를 대신하고, 사물이 인간을 통하지 않고 다른 사물과 직접 커뮤니케이션합니다. 이에 따른 인간 삶과 문명 변화를 정확히 이해·예측·대응하는 것은 이 시대 우리 모두의 과제입니다. 인공지능총서는 인공지능 기술과 환경의 여러 주제를 10가지 키워드로 정리합니다. 관련 개념과 이론, 학계와 산업계의 쟁점, 우리 일상의 변화를 다룹니다. 인간과 기술의 현재, 미래를 세심히 분석합니다.

일러두기

- 인명, 작품명, 저서명, 개념어 등은 한글과 함께 괄호 안에 해당 국가의 원어를 병기했습니다.
- 외래어 표기는 현행 어문규정의 외래어표기법을 따랐습니다.
- 본 저서는 2021년 대한민국 교육부와 한국연구재단의 지원을 받아 수행된 연구임(NRF_2021S1A3A2A01090926)

처음이세요?

전문가세요?

AI와
비판적 포스트휴머니즘

박휴용

대한민국, 서울, 커뮤니케이션북스, 2025

AI와 비판적 포스트휴머니즘

지은이 박휴용
펴낸이 박영률

초판 1쇄 펴낸날 2025년 6월 5일

커뮤니케이션북스(주)
출판 등록 2007년 8월 17일 제313-2007-000166호
02880 서울시 성북구 성북로 5-11
전화(02) 7474 001, 팩스(02) 736 5047
commbooks@commbooks.com
www.commbooks.com

ISBN 979-11-430-0389-8 03500

책값은 뒤표지에 표시되어 있습니다.

차례

인간과 AI가 공존하는 미래

포스트휴머니즘이란 무엇인가?

과학기술의 급속한 발전은 인간의 삶의 조건들을 근본적으로 변화시키고 있을 뿐만 아니라, 인간이란 존재 자체마저도 바꾸고 있다. 예를 들어 피터 노왁(Nowak, 2015)은 기술의 발달에 의한 인류의 변화를 원시적인 기술만을 가진 상태에서 자연환경에 종속되었던 인류(휴먼 1.0)와 자연과 공존하는 기술을 개발했던 인류(휴먼 2.0), 그리고 첨단 기술을 바탕으로 자연성에 구애받지 않는 인류(휴먼 3.0)로 구분한 바 있다. 여기서 과학기술을 이용해 생명 활동이나 모든 지구 환경의 시스템을 통제할 수 있는 인류인 '휴먼 3.0'이 바로 포스트휴먼에 해당한다고 이해할 수 있다.

한편 미래학자인 호세 코르데이는 '포스트휴먼의 도래'에 대한 다음과 같이 설명한 바 있다. "호모사피엔스는 지구상 최초로 진화와 한계의 의식을 가진 종이며, 인간은 종국적으로 이들 제한을 넘어서 진화된 인간, 즉 트랜스휴먼과 포스트휴먼으로 발전할 것이다. 이 과정은 영장류에서 인간으로 진화한 과정과는 달리 애벌레에서 나비가 되듯 빠른 과정이 될 것이다. 지능을 가진 미래의 생명체는 인간을 전혀 닮지 않을 것이며, 탄소 기반 유기체는 기타 과잉 유기체와 혼합될 것이다. 이러한 포스트휴먼은 탄소 기반 시스템뿐만 아니라 우주여행과 같은 상이한 환경에 보다 유리한 실리콘 및 기타 플랫폼에 의존할 것이다."

위 설명은 포스트휴먼이 지금까지와 같은 순수한 생물학적 존재가 아닐 수도 있다는 것을 의미한다. 포스트휴먼은 또한 현실 공간만이 아니라 사이버스페이스상에서 자기가 처할 여러 가상현실들을 자유롭게 선택해 '살아가는' 존재일 수도 있다. 이렇게 현실 공간과 여러 개의 가상현실 속에 살아가는 포스트휴먼들은 마치 현재의 개인용 소프트웨어가 하드웨어를 바꾸어도 기능할 수 있는 것처럼 인간과 같은 생체적 몸에만 의존하지 않을 것이다. 즉, 포스트휴먼은 여러 가지 물리적 기반을 바꾸어 가며 삶을 지속할 수 있는 것이다.

포스트휴머니즘에 대한 사전적 정의는 "인간성이 기술적 발전이나 진화적 과정에 의해 변환, 초월, 혹은 제거될 수 있다는 관념으로서, 그러한 믿음을 반영한 예술적, 과학적 혹은 철학적 논의와 실천들"이라고 할 수 있다(Oxford, 2017). 이 외에도 하이픈(-)이 들어간 포스트-휴머니즘(post-humanism)은 "신적이거나 초자연적 성격이 아닌 인간성에 집중한 휴머니즘(humanism)의 기본적 신조에 대한 반발로 생성된 사고 체계"로 정의되면서(Keeling, 2018), 반휴머니즘의 의미로 주로 사용된다. 본 저서는 휴머니즘 이후의 인간 존재에 대한 모든 담론을 포함하는 차원에서 '하이픈 없는' 포스트휴머니즘 용어를 사용하고 있다.

포스트휴머니즘의 하위 관점으로 트랜스휴머니즘, 네오휴머니즘, 비판적 포스트휴머니즘 등이 사용되고 있다. 즉, 포스트휴먼(Post-human)이라는 용어는 문자 그대로 '이후(post)', '전환적(trans)', '새로운(neo)', '비판적(critical)'을 의미하는 접두어를 붙여 새로운 인간의 등장과 그에 대한 긍정적 혹은 비판적 논의를 모두 포함하고 있다. 따라서 포스트휴머니즘은 휴머니즘의 연장선으로 파악할 수도 있고, 휴머니즘에 대한 비판인 탈-휴머니즘이 될수도 있으며, 휴머니즘을 뛰어넘어 새로운 휴머니즘에 대한 긍정적 기대가 될 수도 있다.

이처럼 포스트휴머니즘은 1970년대와 1980년대의 구조주의, 후기구조주의의 반휴머니즘적 이론들과 현대 미디어에 대한 비평적 논의들로부터 시작되었다가,

1990년대의 급격한 기술 발전에 따라 제기된 존재론적 혹은 인식론적 문제들에 대한 이론적, 철학적 논쟁의 성격을 띠고 본격적으로 학계의 관심을 끌었다. 특히 1990년대 이후부터 정보통신 기술을 바탕으로 한 디지털 혁명의 본격화, 유전 공학, 로봇 공학, 나노 공학 등에서 기술적 발전이 엄청난 성과를 보임에 따라 인간과 기술의 결합의 가능성이 현실로 대두되면서 포스트휴먼에 관한 논의의 필요성이 더욱 중요해진 것이다.

기술과 인간의 결합이라는 포스트휴먼의 개념은 오늘날 지식의 폭발과 융합적 사고의 대두를 바탕으로 과학과 인문학 간의 경계가 점점 모호해지면서 더욱 주목을 받기 시작했다. 17세기 과학적 세계관의 등장 이후, 이성과 과학적 사고의 유일한 주체가 되는 인간이라는 관점마저 해체되기 시작한 것이 바로 포스트휴머니즘적 사고의 촉매가 되기도 했다. 즉, 우주 속에서 특별한 존재로서 이성적 사고를 지닌 인간에 대한 계몽주의적 사고도 인간중심주의가 만든 환상이자 인류사적 산물이라는 점을 깨닫게 됨으로써, 인간은 다른 동물이나 기계와 차별성이 없는 '포스트휴먼적' 존재라는 것을 직시하게 된 것이다. 르네상스에서 시작되어 근대를 거쳐 500년 이상 지속되어 온 휴머니즘은 이제 기술 문명의 도래를 맞이하여, 인간 존재에 대한 철학적, 윤리적, 사회적 이해가 필요해진 것이다. 본 저서에서 다룰 비판적 포스트휴머니즘은 바로 이러한 인본주의적 전통에 대한 비판에서 출발해 생태주의적 관점을 포섭하고, 미래 사회의 기술적 변화를 포괄하여 인간성을 새롭게 해석하려는 시도다.

포스트휴먼과 AI의 관계성

최절정 수준의 인공지능 기술을 탑재한 포스트휴먼은 자신의 지적 능력을 여러 가지 상이한 물리적 컴퓨터에 업로드해서 지속시킬 수 있다. 지능을 컴퓨터에 업로드하는 작업은 두뇌의 신경생리학적 작동 원리가 정보공학적 패턴으로 모방(emulation)되고 이 모방 프로그램을 최적으로 구현하는 물리적 기반이 NBIC 융합기술에 의해 제작됨으로써 실현 가능하다. 물론 일부 학자들은 기계 지능과 인간 지능이 근본적으로 다르기 때문에 인간이 두뇌를 컴퓨터에 업로드하는 것은 한계가 있다고 주장한다. 하지만 개인의 삶을 결정하는 두뇌의 활동과 기억이 자신의 생체를 떠나 다른 물리적 기반의 컴퓨터로 옮겨질 수 있다면, 설령 그 몸이 생물학적 수명을 다해 소멸하다 해도 인간은 다른 컴퓨터로 자신의 삶을 업로드해 영생할 수 있는 것이다.

위와 같은 포스트휴먼적 존재에 대한 시나리오는 최근 4차 산업혁명 시대의 도래와 인공지능, 사이보그, 나노기술 등을 앞세운 기술 중심 사회로의 발전으로 미래 '인간'의 삶도 바뀔 것이라는 가정에 기반하고 있다. 포스트휴머니즘 철학자인 로버트 페퍼럴(Robert Pepperell)은 이와 같은 기술적 환경 변화를 "포스트휴먼적 조건(Posthuman condition)"이라고 불렀다(Pepperell & Yazdani, 1995). 이러한 포스트휴먼적 조건으로의 변화는 인간 자체에 대한 새로운 이해와 그에 따른 철학적, 윤리적 관점의 변화를 요구하게 되었는데, 그것이 포스트휴머니즘의 등장을 야기했다. 특히 사이보그란 개념의 등장으로 촉발된 포스트휴머니즘은 사이보그적 존재의 성격과 인간에게 미칠 영향에 대해 처음부터 기대와 불안이 뒤섞인 대상이었다(Haraway, 1985). 이후 40년 가까이 지난 오늘날, 초기의 예상보다 훨씬 더 급속히 이루어지는 과학기술의 발전은 차츰 인공지능, 나노기술, 생명공학, 가상현실, 로보틱스, 빅데이터 등과 관련한 여러 분야에서 '포스트휴먼'적 존재의 도래를 현실화하고 있다(Popovici, 2017).

사실 포스트휴머니즘은 비교적 최근에 등장한 개념으

로, 과학의 발달로 인간과 기계의 경계가 모호해지고 기존 인간의 개념 또한 흔들리게 되면서 주목을 받은 용어다. 즉, 포스트휴먼적 존재에는 기술적 환경에서 살아가게 될 현재와 같은 생태적 인류, 머지않아 기술의 힘으로 개선되고 강화될 미래의 인류, 그리고 기술의 총아인 컴퓨터와 AI의 형태로 인간과 공조하게 될 기술적 인류가 모두 포함된다. 그로 인해 이러한 기술적 미래상에 대해 오늘날 여러 분야의 학자와 전문가들은 상이한 관점을 지니게 된다.

인간-기계의 공생은 가능한가?

포스트휴먼적 조건을 이해하는 것은 미래의 기술적 도구들이 인간의 정신적, 신체적 능력의 한계를 무한히 확장할 수 있음을 인정하는 것이다. 하지만 우리는 그러한 기술 중심적 미래 사회가 과연 '인간'에게 이로운 상태인가에 대해 생각해 볼 필요가 있다. 정신과 신체를 강화시키는 기계 장치가 인간에 부착되어 일상생활을 주도하게 되는 삶의 조건들이 인간을 어떻게 변화시킬 것인가? 한편으로 기술의 잠재력이 기존 인간의 생물학적 능력과 세밀하고 유연하게 통합되면, 기술은 점점 저렴하고 쉬우면서도 효율적인 보조자의 역할을 하게 될 것이다.

반면 근시안을 가진 사람들이 당연히 안경에 의존하게 되듯이, 기술들이 점차 당연한 생활의 도구들이 되면 인간의 기본적인 능력들은 점점 퇴화할 수도 있는 것이다. 이러한 기술의 양면적 효과에 주목하는 것이 포스트휴먼적 조건을 이해하는 데 필수적인 요소가 될 것이다.

인간은 도구의 동물(Homo Faber)이라는 말처럼 오래전부터 불이나 석기, 철기와 같은 도구의 사용과 더불어 진화해 왔고, 도구를 사용해 생존력을 높이고 쾌적한 생활 환경을 유지해 왔다. 오늘날 현대인들의 삶도 마찬가지로 컴퓨터나 정보통신 기기, 운송 기기, 가전제품 등의 도움 없이는 하루도 살아가기 힘들 정도로 도구와 기술적 산물에 의지하고 있다. 포스트휴먼적 삶의 조건이 확대되고 강화되는 미래에는 사람들은 핸드폰이나 랩톱과 같은 모바일 기기, 나노 기술을 바탕으로 한 웨어러블 및 인체 삽입 기기, 집이나 자동차, 도시 곳곳에 설치된 각종 센서 기기, 그리고 만물인터넷과 같이 세상의 모든 사물들이 네트워크망을 통해 연결된 세계 속에서 살아가게 될 것이다. 이러한 각종 컴퓨터 기기들과 센서 기기, 그리고 정보통신 기기 속에서 살아가야 하는 포스트휴먼의 기술적 환경은 사람들로 하여금 현실적 삶과 가상적 삶의 두 가지 삶의 양식을 제공해 주고, 그로 인해 개인들의 정체성, 정서, 사회적 관계성, 사고 및 학습 방식에도 큰 변화가 나타날 수밖에 없다.

인간-기계의 공생에 대해 이해하기 위해서는 기술적 창조(technogenesis), 즉 '인간과 기술이 동시에 진화한다'라는 개념을 이해할 필요가 있다(Hayles, 2012). 이 기술적 창조의 관점에서 보면, 기술은 끊임없이 주고받는 인과적 요인(continuous reciprocal causation)으로서, 인간의 일부이자 인간과 통합될 수 있는 요소로 간주된다(Clark, 2013). 즉 인간은 기계 혹은 도구와 더불어 진화해 온 존재이고, 앞으로도 그러한 공존은 지속될 것이다. 따라서 미래 사회가 '기술중심주의'로 가기보다는 인간-기술공생주의로 가는 것이 더 적합할 것이고, 이를 위해 기술의 발전과 적용에 대한 책임감 있고 비판적인 접근이 인간-기술의 공생이 이루어지는 미래를 위해 꼭 필요할 것이다.

컴퓨터 알고리즘이 두뇌를 대체할 수 있을까?

20세기 후반 등장한 사이버네틱스는 과학적 지식의 개념을 정보 패턴, 디지털 부호, 그리고 네트워크 시스템에 대한 통제와 피드백의 방식으로 근본적으로 바꾸어 놓았는데, 앞에서 설명한 인공두뇌 프로젝트를 통한 컴퓨터와 두뇌의 연결은 사이버네틱스 연구의 한층 더 발전된 양상으로 이해될 수 있다. 여기서 사이버네틱스적 관점은 인간과 기계, 유기체와 무기체의 절대적인 구분을 해체하는 것이므로, 신체나 마음(사고 및 정서) 모두를 동일하게 물질적 실체로 보고 시스템이 처리해야 할 정보로 간주한다. 즉 인간의 신체도 본질적으로 정보의 한 형태라면 그 신체도 (재)프로그래밍될 수 있는데, 예를 들자면 유전자 공학에서는 이를 유전자 코드에 대한 분석 및 편집을 통해 연구하고 있다. 이처럼 신체를 포함한 모든 물질들을 정보성을 갖는 실체로 파악하고 이를 (재)프로그램의 대상으로 삼는 관점이 바로 정보본질주의(informatic essentialism)다(Thacker, 2003). 이제 모든 물질적 상태는 하나의 정보로서 가치를 갖고, 물질은 컴퓨터 알고리즘 속에서 프로그래밍을 위한 소스 코드로 변환될 수 있다.

이미 오래전부터 의료계에서는 인간 혹은 동물의 신체적 특징, 즉 생물학적 특징을 정보화해 활용하고 있다. 예를 들어 오늘날 널리 활용되고 있는 자기공명영상촬영(fMRI) 기술은 뇌 혈류 속 산소의 움직임을 보여 줌으로써 특정 뇌기능에 두뇌 속의 어떤 위치의 뉴런과 시냅스가 관여하는지에 대한 가시적 정보를 제공해 주기 때문에, 사고가 작용하는 모습(Mind at work)이라고 알려져 있다(Hagner & Borck, 2001).

하지만 실제로 이 기술은 사고, 즉 인간의 생각이 작동하는 모습이라기보다는 두뇌의 작동에 대한 컴퓨터의 통계적 알고리즘에 의한 영상이기 때문에 알고리즘이 작동하는 모습(algorithm at work)이라고 표현하는 것이 더 정확하다. 이처럼 신체의 신호를 이해하기 위해 컴퓨터 알고리즘화한 기술은 생각보다 훨씬 많이 우리 생활 곳곳에 활용되고 있는데, 향후에는 이러한 컴퓨터 알고리즘이 인간의 두뇌 작용에 대한 매개적 역할(algorithmic intermediation)까지도 수행하게 될 것이다(Urrichio, 2017).

결국 컴퓨터 알고리즘이 인간의 두뇌를 대신해 관찰하고 사고하며 지식을 수립하는 주체(즉, 인간)와 그 대상(동물, 사물, 자연 환경) 간의 관계를 재구성하기 때문에, 그동안 인간 존재와 인간의 두뇌가 구축한 지식 체계가 누렸던 선통적 권위는 큰 도전에 직면하게 될 것이다.

인간의 두뇌를 대신하기 위한 컴퓨터 기술의 개발에는 생명공학, 신경공학, 기계공학(로봇, 사이보그, 나노기술), 그리고 컴퓨터 공학(인공지능, 알고리즘, 프로그래밍)의 상보적 연구 협력이 필요하다. 이 분야들 간의 통합적 연구를 통해 생물체의 사고(지능, 의식, 정서 등)와 기계의 사고(인공지능, 알고리즘, 빅데이터 처리 등) 사이의 장벽이 해체될 것이고, 그 최근 연구 목표는 2040년경이면 보편화될 인간 두뇌와 컴퓨터의 결합이다. 예를 들어 컴퓨터 신경과학에서는 정보 패턴과 디지털 알고리즘을 활용해 인간 두뇌의 지적 기능(epistemology of the brain)보다 훨씬 우월한 사고 기계를 만드는 것을 목표로 하고 있고, 머지않아 인간을 포스트휴먼적 두뇌를 가진 존재로 변화시킬 것이다. 요컨대 인간 존재의 조건을 규정하는 새로운 방식으로서 알고리즘의 시대(Uricchio, 2017)가 등장했고, 앞으로 인간 사고의 원동력은 생물학적 두뇌가 아니라 신경-주도적, 그리고 정보-주도적 두뇌에 의해서 이루어질 것이다(Hagner & Borck, 2001).

이러한 미래의 생명 및 신경 기술에 관한 연구를 선도하게 될 영역이 바로 컴퓨터 신경과학(Computational Neuroscience)이다. 컴퓨터 신경과학에서는 신경 시스템의 데이터와 밀접하게 관련되는 복잡한 알고리즘적 혹은 적용적 질문들을 다루기 때문에 신경 데이터와 컴퓨터 계산, 그리고 응용 수학의 공동 작용에 의해 연구의 주제와 내용이 결정된다. 예를 들어 두뇌의 사고 활동이나 반응 활동에 대한 정교한 가설을 세 메커니즘과 관련한 전산 모델을 개발해 검증하는데, 그 결과를 바탕으로 뇌 영상 데이터나 유사 두뇌적 계산 알고리즘을 위한 기술적 장치를 분석하고 이를 바탕으로 두뇌 활동과 관련한 장애를 가진 환자들을 치료하기 위한 노하우를 쌓는 것이다. 따라서 이 학문의 연구 관심은 디지털 컴퓨터 모델의 발달과 평가에 맞추어져 있지만, 신경과학, 인지과학, 컴퓨터공학, 물리학, 심리학, 생물학의 융합 연구 분야로서 꾸준히 역동적으로 진화하고 있다(Trappenberg, 2009).

결론적으로 인간의 두뇌에 대한 새로운 과학적 이해와 기술적 연구인 신경과학적 연구들은 인간을 새로운 방식으로 규정하게 만들었고, 인간의 두뇌나 인간 존재에 대한 지금까지의 이해를 재개념화하고 있다. 만일 인간의 두뇌가 컴퓨터 알고리즘으로 재현될 수 있다면, 컴퓨터 알고리즘에 의한 인공지능을 갖춘 사이보그적 존재도 하나의 포스트휴먼적 인간으로 간주할 수 있을 것이다.

포스트휴먼 시대의 윤리의 방향은?

포스트휴먼 윤리학의 패러다임에 대한 핵심 주장들은

다음과 같다.

첫째, 포스트휴먼 윤리학은 기존 인본주의, 즉 인류중심주의적 세계관에 대한 반성을 바탕으로 인본주의의 관점으로 개념화된 인간 존재(human being)의 범주와 의미를 해체하고, 포스트휴먼의 존재적 범주를 생태적 및 기술적 존재들에게로 확장할 필요가 있다는 것이다. 이러한 포스트휴먼적 존재의 범주에는 인간 범주에 속하는 다양한 변종(인종, 성별, 계급, 신체적 차이, 종교, 문화적 차이의 모든 영역)은 물론이고 모든 '비인간적(non-human)' 존재들의 범주(동식물, 기계, 로봇/사이보그, AI 등)가 포괄된다.

둘째, 포스트휴먼 윤리학은 포스트휴먼 존재들 간의 평등성(수평적 관계성)과 상호 의존적 관계성을 기반으로 한다. 포스트휴머니즘의 탈인본주의적 세계관은 인간이 혼자만의 배타적인 목적성을 띤 존재가 아니고, 자연/우주 생태계 속에서 다른 존재들과 네트워크적 얽힘을 바탕으로 상호 의존적으로 공존하는 존재라고 본다. 즉, 인류(Homo Sapiens)는 결코 우주의 생성과 유지의 유일한 목적인이 될 수 없으며, 끊임없이 진화하고 변화하는 존재이므로 다른 존재들과 공동 번영과 공공선의 목적을 향해 나아가야 한다는 것이 포스트휴먼 윤리학의 기본 전제인 것이다.

셋째, 포스트휴먼 윤리학은 생태 페미니즘과 비판 이론과 같은 존재론적 비판의 관점을 이어받아 근대성, 계몽주의, 과학주의, 합리주의 등과 같은 이성 중심의 과학문명에 대한 비판적 성찰을 견지하면서, 남성 중심, 유럽 중심, 엘리트 중심, 이성 중심의 세계관 및 보편주의적 인식론에 대한 통렬한 반성과 해체를 요구한다. 그리고 그 대안으로서 자연주의, 생태주의, 관계주의, 지역주의, 맥락주의와 같은 비이성적이고 탈근대적인 가치에 초점을 맞추어 그것을 바탕으로 미래의 과학기술과 지식의 의미, 그리고 인간의 역할을 새롭게 규정하려고 노력한다.

넷째, 포스트휴먼 윤리학은 기존 인본주의적 윤리학의 과제(부정의, 편견, 억압, 불평등 등)에 대한 책무성을 계승하면서도, 그 해결책을 인본주의적(이원론적) 가치 체계에서 찾는 것이 아니라 신물질주의적(일원론적) 관점을 통해 제시하고자 한다. 즉, 기존 인류 사회가 안고 있었던 문제점들을 도덕이나 이념적 접근을 통해 해결하는 것이 아니라, 기술적 접근(물질과 환경적 변화)을 통해 보완하거나 해결하려는 노력을 경주한다. 이러한 전략은 포스트휴먼적 사회가 기존 인본주의적 세계관 속에서 소외되고 타자화되었던 존재들(여성, 어린이, 노예, 장애인 등)뿐 아니라 비인간적 존재들(동물들, 사물들, 기계들 등)과 공존해 살아가야 하는 사회이기 때문에 필수적이라는 것이다.

다섯째, 포스트휴먼 윤리학은 위와 같은 새로운 윤리적 패러다임을 수립하기 위해 생태적 존재들에 대한 포용적 태도를 유지하고, 생명-죽음, 인간-기계, 이성-신체, 자연-문명에 대한 일원론적(생기론적) 인식의 틀을 정립하며, 탈인본주의적 관점으로 윤리적 가치와 준거를 재설정하고, 마지막으로 자본주의가 생명과 기술을 다루는 방식에 대한 신중하면서도 냉철한 비판적 관점을 견지하고자 한다.

여섯째, 포스트휴머니즘을 참조한 기독교 윤리는 인간-자연, 이성-물질 등의 이분법적 사고를 넘어서는 보편성과 초월성에 대한 재인식을 바탕으로, 세상 만물들의 수평적 관계성, 개인주의를 넘어선 공동체주의, 그리고 세속적 권력과 관습에서 벗어나서 기독교의 내재적 가치를 재인식하려는 노력을 바탕으로 새롭게 설계되어야 한다는 것이다.

참고문헌

Clark, A.(2013). Whatever next? Predictive brains, situated agents, and the future of cognitive science. *Behavioral and brain sciences, 36*(3), pp.181-204.

Hagner, M.(2009). The mind at work: the visual representation of cerebral processes. *The Body Within: Art, Medicine, and Visualization*. Leiden: Brill, pp.67-90.

Hagner, M., & Borck, C.(2001). Mindful practices: On the neurosciences in the twentieth century. *Science in Context, 14*(4), pp.507-510.

Haraway, D.(1985). A Manifesto for Cyborgs: Science, Technology, and Socialist Feminism in the 1980s. *Socialist Review*, 80, pp.65-108.

Hayles, N. K.(2012). *How we think: Digital media and contemporary technogenesis*. University of Chicago Press.

Keeling, D. M.(2018). "Posthumanism", In *Oxford Research Encyclopedia of Communication*. Oxford University Press.

Nowak, P.(2015). *Humans 3.0: the Upgrading of the Species*. Rowman & Littlefield.

Pepperell, R., & Yazdani, M.(1995). *The post-human condition*. Oxford: Intellect.

Popovici, F. G.(2017). The paradise Revealed: The promised land of technology in the posthuman era. *Literature, Discourses and the Power of Multicultural Dialogue, 5*(0), pp.370-375.

Thacker, E.(2003). Data made flesh: Biotechnology and the discourse of the posthuman. *Cultural Critique*, 53, pp.72-97.

Trappenberg, T.(2009). *Fundamentals of computational neuroscience*. OUP Oxford.

Uricchio, W.(2017). Data, Culture and the Ambivalence of Algorithms. In Schäfer, M. T. & van Es, K.(Eds.), *The Datafied Society: Studying Culture through Data*, pp.125–138. Amsterdam: Amsterdam University Press.

01
포스트휴머니즘의 다양한 관점들

포스트휴머니즘을 둘러싸고 어떤 다양한 이론과 관점들이 있는지 간략하면서도 포괄적으로 소개하며 포스트휴머니즘의 지형도를 설명한다.

AI와 1인 창업?

포스트휴먼적 담론들

포스트휴머니즘은 인류중심주의(휴머니즘)와 이성 중심적 계몽주의에서 벗어나서 인간을 다른 모든 세상 만물들(생명체와 기계적 사물)과 평등한 존재로 바라보는 생태주의적이고 수평적인 세계관이다. 이러한 세계관을 바탕으로 포스트휴머니즘은 기술의 발전에 따라 기계들(컴퓨터, 로봇, 사이보그 등)이 인간의 물리적 또는 생리적 조건들에 근본적인 변화를 야기하고, 동시에 인간과 기계의 위상(지배력)이 역전될 수 있으며, 결과적으로 인간만이 모든 생물과 사물에게 주체성, 능동성, 자율성을 부여하는 미래상을 대비하는 관점이다.

이러한 포스트휴머니즘은 크게 기술혐오주의(technophobia)적 성향의 '부정적 포스트휴머니즘'과 기술애호주의(technophilia)적 성향의 '낙관적 포스트휴머니즘'으로 구분할 수 있다. 즉, 근대적 휴머니즘에 뿌리를 두고 주체에 대한 개념을 공유한다는 점에서 단지 휴머니즘적 '주체'를 기술로부터 '보호'하려 하느냐(부정적: 네오휴머니즘) 아니면 기술을 활용해 '강화'하려 하느냐(낙관적: 트랜스휴머니즘)는 차이가 있는 것이다. 한편 인본주의에 대한 대안을 모색함과 동시에 기술만능주의를 경계하는 '비판적 포스트휴머니즘'은 휴머니즘적 주체에 머물러 있는 두 관점 모두를 비판하고, 휴머니즘적 주체의 해체를 통한 새로운 인간 개념을 제시하기 위해 대안적 담론을 발전시킨다.

이러한 포스트휴먼적 담론들은 인간이란 무엇인지에 대해 점검하고, 이를 오늘날의 문화적 역사적 맥락들 속에서 비판적으로 탐문하려는 노력이다. 캐서린 헤일스(Katherine Hayles)는 『우리는 어떻게 포스트휴먼이 되었나(How We Became Posthuman)』(1999)에서 포스트휴먼에 대한 담론들이 끊임없이 지적 기계들의 발전과 함께 공진화하고 있다고 표현한 바 있는데, 이는 포스트휴먼에 대한 이해와 논점들이 지적 기계들이 급속한 발전에 따라 빠르고 역동적으로 변하고 있다는 것이다. 헤일스는 오늘날 생물학적 신체를 가진 인간과 기술적 도구나 물질 간의 구분이 불확실하다는 것을 보여 주고자 했는데, 이러한 관점은 기술적(technological) 포스트휴머니즘으로 분류된다. 헤일스는 그동안 우리가 굳건히 믿어 왔던 인간됨(humanness)의 개념이 얼마나 피상적이었는지를 강조하면서, 포스트휴머니즘을 신체적 경계에 근거한 주체성(subjectivity)을 넘어서는 것이라고 본다. 이로 인해 주체성의 개념도 변함과 동시에 인간이란 무엇인가에 대한 관념도 파괴되기 때문에, 헤일스가 상정한 포스트휴먼은 도나 해러웨이(Donna Haraway)가 "사이보그 선언(Cyborg Menifesto)"(1985)에서 언급한 사이보그적 존재와 유사한 것이다.

부정적 포스트휴머니즘

부정적 포스트휴머니즘은 포스트휴먼적 미래에 대해 암울한 미래상을 제시하며 경고하거나, 기술 결정론에 의해 간과되는 사회적, 윤리적 가치의 우위를 강조한다. 이와 같은 입장에 속하는 사람으로 프랜시스 후쿠야마(Francis Fukuyama), 마이클 샌델(Michael Sandel), 다니 카바야로(Dani Cavallaro), 도널 오매튜나(Donal P. O'Mathuna) 등이 있다. 이들의 주장은 지난 세기의 기술만능주의에서 비롯된 잘못된 사례에서 쌓은 경험론적 비판과, 인간과 기술 간의 관계에서 첨단 과학기술을 인간의 삶에 광범위하게 또는 너무나 깊숙한 지점에까지 적용할 때 발생할 수 있는 부작용들에 주목한다.

부정적 포스트휴머니스트들은 궁극적으로 포스트휴먼의 출현을 가능하게 할 과학기술의 발전을 부정적으로 바라보고, 인간과 기술의 관계에 대한 논의에서 벗어나고 있다. 엄밀한 의미의 포스트휴머니즘이라 부르기엔 부족할 수 있다. 그럼에도 불구하고 포스트휴먼과 관련된 윤리적, 사회적 논의를 통해 포스트휴머니즘의 담론을 확장시켜 준다는 점은 포스트휴머니즘으로서 의미가 있다. 또한 포스트휴먼의 출현 가능성을 단순히 문화적 상상력의 결과물로 간주하는 것이 아니라 실현 가능한 것으로 받아들이고 현실적인 문제점들을 논의한다는 점에서 광의의 포스트휴머니즘 담론에 포함될 수 있을 것이다.

낙관적 포스트휴머니즘

낙관적 포스트휴머니즘은 인간과 기계의 결합이나 기술 중심적 미래를 필연적 조건으로 수용하고, 그에 따라 긍정적인 전망을 내놓는다. 이에 속하는 대표적 이론가들은 닉 보스트롬(Nick Bostrom), 레이 커즈와일(Ray Kurzweil), 한스 모라베크(Hans Moravec) 등이다. 이들은 스스로를 트랜스휴머니스트(Transhumanist), 그 이론을 트랜스휴머니즘이라 부르면서, 1998년 세계트랜스휴머니스트협회(WTA)를 설립하고 2002년과 2009년 '트랜스휴머니스트 선언'을 발표한 바 있다. 이들은 포스트휴먼으로 이행하는 중간 과정('trans')으로 트랜스휴먼 혹은 강화된 인간이 등장한다고 주장하면서, GNR(Genetics, Nano, Robot) 혁명으로 일컬어지는 현대 과학기술의 비약적 성과를 바탕으로 하는 커다란 변혁의 시기가 도래할 것이라고 주장한다.

트랜스휴머니즘(기술낙관주의)

낙관적 포스트휴머니즘의 대표적 갈래가 바로 트랜스휴머니즘인데, 1999년 옥스퍼드의 철학자 닉 보스트롬의 주도 아래 다음과 같은 선언으로 '트랜스휴머니즘 세계연합'이 공식적으로 출범했다. "트랜스휴머니즘은 응용이성, 특히 기술을 사용해 노화를 제거하고 인간의 지적, 육체적, 심리적 능력을 강화함으로써 인간의 조건을 근본적으로 개선하려는 시도의 바람직한 가능성을 긍정하는 지적, 문화적 운동이다." 트랜스휴머니즘은 21세기에 들어서면서 급격히 그 지배력이 확대되고 있는데, 특히 최첨단 기업 등 사회적 명성과 영향력을 갖춘 인사들이 트랜스휴머니즘을 주도하는 집단에 가세함으로써 괄목할 만한 경제적, 문화적, 나아가 정치적 권력으로 성장하고 있다.

트랜스휴머니즘은 다양한 방면으로 확산되고 있는데, 기술의 힘을 통해 새로운 영생과 구원을 얻을 수 있다는 종교적 이념에서부터 인간의 자유를 극대화하는 정치적 이념에 이르기까지 그 범주가 상당히 넓다. 궁극적인 트랜스휴먼적 기술의 적용이 기대되는 대표적인 분야로 유전자 편집을 통한 신생아 출산, 노화 방지나 생명 연장 기술, 인간 두뇌(사고, 의식)의 디지털화 및 컴퓨터 업로드 등이 있다. 또한 생명공학이나 유전자공학, 생명정보학(bio-informatics) 등을 통해 제약, 의료, 미용 및 보건 분야에서 천문학적인 연구비가 인간의 생물학적 한계인 노화나 죽음을 뛰어넘기 위한 약물이나 시술을 개발하는 데 투자되고 있다. 아울러, 2014년 공상과학 소설을 기반으로 만든 〈트랜센던스(Transcendence)〉와 같은 영화는 사람의 의식을 디지털 데이터로 업로드해 컴퓨터 속에서 영속하게 한다는 소재를 다루고 있는데, 이는 단순히 영화 속 이야기만이 아니라 마인드웨어(mindware), 마음 복제(mind cloning), 디지털 영생(digital immortality), 기술적 영생(techno immortality), 로봇존재론(Robophilosophy) 등의 주제어를 중심으로 학문적 및 기술적인 논의가 활발히 진행되고 있다(Schussler, 2018).

호모 사피엔스는 지구상에서 진화해 온 생명체들 중에서 최초로 주체성, 영원성, 신적 존재, 그리고 자신의 한계를 의식할 수 있는 종이다. 결과적으로 호모 사피엔스는 자신의 한계를 넘어설 수 있는 기술적으로 진화된 존재인 트랜스휴먼과 포스트휴먼으로 진화하게 될 것이다. 지금까지 영장류에서 현생 인류로의 진화가 수만 년이 걸렸던 것과는 달리, 현생 인류가 트랜스휴먼과 포스트휴먼으로 진화하는 과정은 첨단 과학기술의 도움을 바탕으로 수십 년 내에 이루어질 수 있다. 특히 트랜스휴머니스트들은 2050년쯤이면 오늘날 우리가 경험하는 광속에 가깝게 정보를 전달하는 인터넷 기술과 사이버 세계, 가상현실 기술의 보급 등이 빠르게 융합되어 특이점에 도달하게 되고, 그때 지구상에는 포스트휴먼적 존재들이 양산될 것이라고 본다. 사실 오늘날 현대인들의 삶을 돌이켜보면, 우리는 이미 휴먼적 존재가 아니라 포스트휴먼적 존재에 더 가까운 삶을 살고 있다고 볼 수도 있다. 앞으로의 포스트휴먼에게 인간의 생물학적 신체는 더 이상 '인간'이 되기 위한 필수적인 요소가 아니라 부차적이거나 소모적인 껍데기에 불과하게 될 수도 있다.

하지만 이와 같은 포스트휴먼적 존재의 등장과 포스트휴먼적 사회의 도래에 대한 우려와 비판의 시각이 많이 제기되어 왔는데, 그 대표적인 인물로 의학 전문가인 로저 펜로스(Roger Penrose)와 철학자인 휴버트 드레이퍼스(Hubert Dreyfus)가 있다. 그들의 비판은 포스트휴머니즘 전반에 대한 비판이라기보다는 트랜스휴머니즘,

즉 기술 문명이 과거의 모든 인본주의적 세계를 대체하는 시나리오에 대한 비판에 집중하고 있다. 아무리 컴퓨터나 인공지능 기술이 발달해도 그러한 기술이 근본적으로 인간의 역량이나 특성을 대체할 수 없다고 본다. 예를 들어 뇌와 뉴런을 연구하는 인지과학자들은 인지 활동이 뉴런의 연결 관계망에서 일어나는 것이 아니라 생체적 몸이라는 물리적 기반에 의존하고 있음을 강조함으로써, 인간의 지능은 인공지능이 완벽하게 모사할 수도, 능가할 수도 없다고 주장한다. 그런 의미에서 포스트휴먼에 대한 비판주의자들은 포스트휴먼 대신 '네오휴머니즘'적 존재를 대안으로 제시한다(이종관, 2013).

네오휴머니즘(휴머니즘 개선주의)

네오휴머니즘은 "인간이 직면하고 있는 실존적 존재론적 허무를 극복하고 인간 존재의 의미를 회복시키려는 철학적 움직임"을 일컫는다(Bussey, 2016). 특히 인공지능이 시뮬레이션할 수 없는 인간적 특성들을 긍정적으로 해석하려는 철학적 작업인 네오휴머니즘은 인간을 디지털화함으로써 영생의 포스트휴먼 미래로 향하는 트랜스휴머니즘에 반해 인간의 고유한 가치를 몸, 예술적 몰입, 나아가 죽음 등에서 발견하고자 한다. 우리나라에서도

2011년 부산에서 개최된 유네스코 주관 제1회 세계인문학 포럼에서 네오휴머니즘이 핵심 주제로 등장하면서, 트랜스휴먼적 미래를 대신한 인문주의적(humanistic) 미래 연구의 필요성이 강조된 바 있다.

네오휴머니스트들은 인공지능을 갖춘 로봇이나 사이보그들이 인간의 사고 및 행동, 직업, 심지어 인간 자체를 대체하는 시나리오에 깊은 우려를 표명하는데, 주된 비판의 요지를 정리하면 다음과 같다.

첫째, 컴퓨터와 같은 인공지능은 오직 제한적인 영역에서만 인간의 지능을 시뮬레이션할 수 있다고 본다. 즉, 인공지능이 아무리 발전한다 해도 인간의 지능을 능가하거나 모사할 수 없다는 것이다. 예를 들어 드레이퍼스는 지금까지 인공지능 연구들이 제시했던 합리적 · 논리적 모델의 한계점을 비판하면서, 인간의 지식은 결코 알고리즘화할 수 없는 암묵적 차원의 인식 위에서 구성되는 것이기 때문에 컴퓨터 프로그램에 기반한 인공지능 기술이 인간의 사고와 지식을 대체할 수 없다고 주장한다. 즉, 인간의 암묵적 인지는 인식 주체에 의해서 완전히 그리고 분명하게 파악될 수 없는 비대상적 인식 지평을 갖고 있기 때문에, 컴퓨터와 같은 규칙 기반 기호 처리 인식 모형은 인간의 인식(지식)을 완벽하게 모사할 수 없다는 것이다.

둘째, 포스트휴먼의 이론적 기초에 대한 또 다른 비판은 지능의 체화(embodiment) 문제와 관련해서 제기된다(Hughes et al., 2022; Pfeifer & Iida, 2004). 지능의 체화란 인간의 인식이나 사고가 인간의 신체에 구속되어 나타나는 현상인지, 아니면 인공지능과 컴퓨터 알고리즘을 통해 신체에 속박되지 않고 재현해 낼 수 있는지에 대한 관점이다. 지능의 체화를 강조하는 트랜스휴먼에 대한 비판주의자들은 트랜스휴머니즘의 관념이 데카르트적 정신-물질 이원론의 또 다른 버전에 불과하며, 정신을 육체에서 분리 가능한 일종의 정보 패턴으로 간주하고 있다고 본다. 트랜스휴머니즘의 비전에 긍정적인 인지과학자 마빈 민스키(Marvin Minsky), 레이 커즈와일, 한스 모라베크 등의 학자들이 사실 이러한 '인간 정신의 디지털화'를 바탕으로 인간의 신체적 유한성을 극복할 수 있는 영생의 트랜스휴먼을 만들어 내는 것이 기술적으로 가능하다고 믿는 사람들이다. 반면 프란스시코 바렐라(Francisco Varela), 안토니오 다마지오(Antonio Damasio), 그리고 이들의 입장에서 뇌와 뉴런을 연구하는 인지과학자들은 인지 활동이 뉴런의 연결 관계망에서 일어나는 것이 아니라 생체적 몸이라는 물리적 기반에 의존하고 있음을 증명하려고 노력하고 있다.

셋째, 네오휴머니즘은 포스트휴먼의 도래를 향해 가는 첨단 기술의 거침없는 발전 과정에서 인간이 직면하고 있는 실존적-존재론적 허무를 극복하고 인간 존재의 의미를 회복하고자 한다. 즉, 네오휴머니즘은 인간의 계산적, 도구적 합리성을 강조하면서 형성된 근대적 휴머니즘이 과학기술의 발전에 끌려 다니다가 결국 트랜스휴먼이라는 극단적 존재를 탄생시키게 된 것에 대한 반성인 것이다. 따라서 네오휴머니즘은 인간을 디지털화함으로써 영생의 트랜스휴먼적 인간 존재와 기술 중심 사회로 나아가려는 포스트휴머니즘에 반발하면서, 인간의 신체나 예술적 감각과 몰입의 상태에 의미를 부여하고, 궁극적으로 고통, 질병, 죽음의 조건을 수용함으로써 인간의 고유한 정체성과 가치를 보전하고자 한다.

참고문헌

이종관(2013). 테크노퓨처리즘과 네오휴머니즘의 대결, 그리고 그 화해를 향하여: 트랜스휴머니즘, 인공생명, 하이데거를 중심으로. ≪현상학과 현대철학≫, 59, 5-49쪽.

Bussey, M.(2016.11). Neohumanism: Rethinking education for planetary futures. In Procedings of International Educational Futures Conference, pp.20-24.

Haraway, D.(1985). A Manifesto for Cyborgs: Science, Technology, and Socialist Feminism in the 1980s. *Socialist Review*, 80, pp.65-108.

Hayles, N. K.(1999). *How we became posthuman: Virtual bodies in cybernetics, literature, and informatics*. The University of Chicago Press.

Hughes, J., et al.(2022.10). Embodied artificial intelligence: Enabling the next intelligence revolution. In IOP Conference Series: Materials Science and Engineering, 1261(1), p.012001. IOP Publishing.

Pfeifer, R., & Iida, F.(2004). Embodied artificial intelligence: Trends and challenges. *Lecture notes in computer science*, 3199, pp.1-26.

Schussler, A. E.(2018). Robot Clones—New Perspectives in Robophilosophy and Technoimmortality. In *Envisioning Robots in Society - Power, Politics, and Public Space*, pp.259-267. IOS Press.

02
비판적 포스트휴머니즘의 개념과 주요 주장

비판적 포스트휴머니즘의 핵심 개념들과 주장들을 소개하면서, 포스트휴머니즘의 다양한 관점들 속에서 비판적 포스트휴머니즘이 어떤 차별성을 띠는지 정리한다.

AI와 MBTI?

비판적 포스트휴먼니즘의 배경

비판적 포스트휴머니즘은 부정적, 낙관적 포스트휴머니즘에 모두 비판적으로 접근한다. 급진적으로 변화해 가는 과학기술의 발전에 대해 개방적인 입장을 강조하며서도 기술에만 몰입해 있는 담론들의 안에 남아 있는 근대적 휴머니즘의 비판적인 해체를 요구한다. 트랜스휴머니즘 담론들이 '기술에 의한 인간의 강화'라는 주제를 중심으로 실체가 불분명한 인간 본성에 집착하거나 휴머니즘적 인간 모델을 기술적으로 강화할 때, 비판적 포스트휴머니즘은 그러한 기술적 변화가 자본주의적 동력에 의해 주도되는 것을 비판한다.

사회학자인 제임스 휴즈(James Hughes)는 포스트휴머니즘을 트랜스휴머니즘과 비판적 포스트휴머니즘으로 구분하면서 다음과 같은 차이를 강조한다. 우선, 트랜스휴머니즘은 인류중심주의(anthropocentrism)를 배격하지 않는 반면, 비판적 포스트휴머니즘은 인류중심주의를 거부한다는 것이다. 또한 트랜스휴머니즘에서 주체는 세상의 중심적 존재로서 인간성과 능력이 강화된 존재인데, 기술적 발전이 그러한 인류의 진보에 큰 매개체가 된다고 본다. 트랜스휴머니즘은 또한 대중문화, 특히 공상과학 분야에 관심을 가지면서, 과학기술에 대한 문학과 영화적 상상력이 인류의 기술적 진보의 도화선이 되고 있다고 본다. 반면 비판적 포스트휴머니즘은 이와는 달리 인간예외주의(human exceptionalism: 인간이 우주 속의 독특한 피조물이라는 관념)나 인간도구주의(human instrumentalism: 인간이 자연을 개발하고 통제할 권리가 있다는 관념)를 거부한다.

반면 비판적 포스트휴머니즘은 기술을 통한 인간의 발전적 진화를 수용하면서도, 그러한 기술 발전을 이끄는 동력이 자본주의적 시장 논리(이윤 추구, 경제적 주도권, 무한 경쟁 등)에 의해 이루어지고 인간의 의미나 생명 질서의 무분별한 전복을 야기하는 기술만능주의에 대해 끊임없는 비판적 성찰을 시도한다. 그에 따라 기술결정론을 경계하고, 기술의 발전으로 유발되는 인간 신체의 디지털화, 사이보그화, 기계화에 대해 신중한 입장을 취한다.

비판적 포스트휴머니즘의 정당성

포스트모던 사상가인 이하브 하산(Ihab Hassan)은 포스트휴머니즘을 계몽주의적 사상에 기반한 이성중심의 인간관과 인본주의적 세계관, 그리고 자연에 대한 인류중심주의적 지배 관념을 거부한다. 인간은 자연을 파괴하거나 자연 위에서 군림할 하등의 권리가 없으며, 세상을 이해하기 위해 생산되고 확장된 인간의 지식도 기존의 도구적 역할에서 한발 물러서기를 요구한다.

따라서 도나 해러웨이를 비롯해 비판적 포스트휴머니즘은 기술적 혁신을 통해 인간의 생물학적 능력을 확장하려는 유토피아적 관점의 포스트휴머니즘(즉, 트랜스휴머니즘)과는 구별된다. 철학자인 섀넌 벨(Shannon Bell)은 "이타주의, 상호주의(mutualism), 인본주의는 자유주의적 자본주의를 지탱하고 있는 유연하고 간결한 가치들이다. 식민주의, 제국주의, 신제국주의, 민주주의, 그리고 미국식 민주주의(American democratization)를 물론 포함한 착취의 담론은 항상 인본주의가 주도했다"라고 주장한 바 있다. 즉, 트랜스휴머니즘은 자유주의적-인본주의 가치들을 무비판적으로 수용해 이를 인간 증진을 위한 기술적 향상에 적용하려 했다는 것이 문제였다. 따라서 포스트휴머니즘은 인간중심주의와 기술중심주의 모두에 대한 비판을 바탕으로, 인간 자신과 비인간적 타자들, 인간의 의식, 이성, 지식, 주체성, 능동성, 관계성, 그리고 포스트휴먼적 존재들의 신체, 삶과 체화에 대한 새로운 이해의 틀을 정립하고자 한다.

아울러 비판적 포스트휴머니즘은 페미니즘, 비판적

인종 이론, 후기 식민주의 이론, 비판적 문화 이론 등을 바탕으로 권력, 소외, 타자화 등에 대한 비판적 관점을 인간 사회의 범주에서 생태적 범주로 확장하고자 한다. 예를 들어, 비판적 이론가인 자키야 이만 잭슨(Zakiyyah Iman Jackson), 프란츠 파농(Frantz Fanon), 에메 세제르(Aime Cesaire), 호텐스 스필러스(Hortense Spillers), 그리고 프레드 모튼(Fred Moten) 등은 포스트휴머니즘에서 인간과 비인간의 전형적인 구분을 넘어서는 시도는 종종 인종주의에 대한 비판을 등한시한다고 지적한 바 있다. 따라서 과거의 인종이론이 과학적 인종주의(scientific racism)나 유럽중심주의를 바탕으로 한 인종적 차별을 비판했던 것처럼, 포스트휴머니즘은 비인간적 존재들에 대한 차별의 근거가 되는 인본주의에 대한 도전을 의미하는 것이다.

트랜스휴머니즘에 대한 비판과 반론

포스트휴먼, 특히 트랜스휴먼적 존재들은 어떤 존재들이고 그들의 가능성과 한계는 무엇인가? 포스트모더니즘에서 포스트(post-)가 '근대성의 완전한 종말'을 의미하지 않은 것과는 달리, 포스트휴머니즘에서 '포스트'는 '순수한 인간'이란 존재가 궁극적으로 희미해지는 미래를 상정하고 있다. 그런 의미에서 도나 해러웨이는 인간과 공존하는 비인간적 존재들을 동료 종족(companion species)이라고 불렀다(Haraway, 2003). 기술 중심적 미래 사회는 포스트휴먼적 인간과 트랜스휴먼적 인간이 공존하게 될 것이다. 사실 양자의 구분이 더 이상 의미 없는 시점이 다가올지도 모른다. 하지만 문제는 누가 어느 정도의 트랜스휴먼적 존재들이 될 것인가다.

트랜스휴먼적 기술이 현실화되면 이를 위해 모든 것을 투자하는 집단이나 계층이 등장할 것이고, 이는 윤리적 문제를 야기할 것이다. 아울러 트랜스휴먼적 기술들은 인간의 지적 능력을 향상시켜 주는 기술도 포함하므로, 학습, 교육, 직업 선택 등의 분야에서 근본적인 인식의 변화가 나타날 것이다(Bostrom, 2009). 예를 들어 인지 및 신체적 능력 증진 기술은 개인들의 과업 수행 능력도 향상시켜 줄 수 있기 때문에, 이는 모든 개인의 관심사가 될 수밖에 없다. 사실 이러한 포스트휴먼적 기대(욕망)는 경제적으로나 심리적으로 사회 계층적 차이를 반영하므로, 경제적 여유를 갖거나 트랜스휴먼적 조건의 유리함을 인식한 엘리트 계층일수록 인간의 능력 향상에 대한 기대치가 훨씬 높을 것이다.

또한 트랜스휴먼적 존재의 정서 능력에 대한 논란도

존재한다. 만일 트랜스휴먼적 존재들이 의약품이나 기술적 도구들에 의해 생산적이고 건강하고 밝고 능동적인 정서 상태를 유지할 수 있다면 어떨까? 포스트휴먼의 정서 수준을 높은 정서적 능력(high emotional capacity)과 같은 목표치에 맞추는 것은 첨단 의학 기술을 통해 달성 가능하지만, 인간의 정서는 기본적으로 생리적 조건에 결부되어 있기 때문에 신체의 역할이 최소화되는 트랜스휴먼에게 정서적 증강이 어떤 효과를 발생시키게 될지는 아직 확신하기 어렵다. 예를 들어 자살우울증에 시달리는 사람이 정서를 개선하는 처치를 받고 삶의 질이 개선되는 것이 긍정적인 사례가 될 수 있지만, 개인의 정서 상태의 본질이 무엇이고, 그것을 개선한다는 것이 인간의 삶에 어떤 영향을 끼칠 수 있는가에 대한 심리학적, 사회윤리적, 개인의 가치관적 판단이 필요하다.

물론 이에 대한 트랜스휴머니즘의 반론은 다음과 같다. 트랜스휴머니즘은 과학과 기술을 이용해 사람의 정신적 · 육체적 성질과 능력을 개선하려는 지적 · 문화적 운동으로, 이를 신봉하는 트랜스휴머니스트들은 장애, 고통, 질병, 노화, 죽음과 같은 인간의 조건들을 인간의 숙명으로 받아들이지 않고 과학기술의 발전에 따라 극복될 수 있는 것으로 인식한다. 트랜휴머니즘은 현재의 인간 본성이 영구불변하게 정해진 것이 아니라, 과학기술의 적용이나 다른 합리적인 방법을 통해 건강, 지적 능력 및 신체적 능력을 향상시킬 수 있다고 본다. 트랜스휴먼적 조건들은 매우 유익하고 가치 있는 엄청난 잠재력을 가지고 있기 때문에 우리의 후손인 '포스트휴먼'이 현재 인류보다 훨씬 더 큰 신체 능력과 지적 능력을 갖는 것은 장기적으로 유익한 일이라고 본다.

그렇다면 미래 사회를 대비하는 데에 트랜스휴머니즘과 비판적 포스트휴머니즘 중에서 어떤 관점이 더 필요할까? 포스트휴먼적 미래 사회에 대한 두 가지 대표적인 거부감이 있는데, 하나는 미래의 포스트휴먼적 세계 자체가 질적으로 저하되어 인간에게 해로울 수 있다는 우려이고, 다른 하나는 포스트휴먼적 세계가 특정인에게는 좋을지 몰라도 일반인에게는 위협이 될 수 있다는 우려다.

첫째 거부감은 기술 주도적 미래가 인간 사회를 암울하게 만들 수 있다는 우려에서 나오는 것이다. 생명윤리학자인 레온 카스(Leon Kass)가 제기한 것으로, 대부분의 종은 자연적 섭리에 따라 주어진 본성이 있고, 그것을 따르는 것이 중요하다는 것이다. 반면 트랜스휴머니스트들은 자연적 조건들을 당연시하고 거기에 국한될 필요가 없다고 여긴다. 암, 말라리아, 치매, 노화, 기아, 불필요한 고통, 인지적 단점들과 같은 생리학적 문제는 물론이고 심지어 살인, 강간, 집단 학살, 부정 행위, 고문, 인종주의 등과 같은 사회적 문제들을 과학과 기술의 발달을 바탕으로 해결하는 것은 합리적 판단이라는 것이다. 올더스 헉슬리(Aldous Huxley)의 소설『멋진 신세계(Brave New World)』(1932), C. S. 루이스(C. S. Lewis)의『인간 폐지(The Abolition of Man)』(1943), 그리고 프리드리히 니체(Friedrich Nietzche)의『차라투스트라는 이렇게 말했다(Also sprach Zarathustra)』(1883)에 등장하는 개념인 '마지막 사람(Last man)'을 통해 지적되는 균질화, 평범성, 약물 중독, 미각 저하, 사랑과 열망이 없는 영혼의 관념은 모두 문명의 진보와 인간의 한계에 대한 우려와 함께 어울려 나타난 암울한 미래상을 표현하고 있다(Shaw, 2014) . 트랜스휴머니스트들은 기술의 발달을 잘 활용하면 이러한 문제들을 해결할 수 있으며, 자연 질서를 따르기보다는 인간의 본성을 개혁하는 것이 합리적인 선택이라고 주장한다.

둘째 거부감은 기존의 인류와 트랜스휴먼적 존재들 사이에 갈등과 괴리감이 유발될 수 있다는 우려에서 나오는데, 그러한 우려를 표방하는 대표적인 학자들이 조지

애너스(George Annas), 로리 앤드루스(Lori Andrews), 로사리오 이사시(Rosario Isasi) 등이다. 예를 들어 인간 복제나 유전자 변형은 인간성에 대한 범죄이자 고전적 인류에게 실질적인 위협을 가하는 행위가 된다는 주장이다. 즉 새로운 종인 포스트휴먼은 과거의 '일반적'인 인간을 열등하고 야만스러우며 폐기 처분해야 할 존재로 볼 수 있고, 일반인들은 자신들의 신변과 미래의 삶에 위협을 느끼고 폭력적인 행동을 할 수 있다는 것이다. 하지만 포스트휴머니스트들은 이러한 우려가 과도한 걱정이라고 본다. 생명공학(유전자공학이나 의료공학 등)의 발전이 생물 테러리즘과 같은 전쟁이나 파괴적인 용도로 쓰일 수 있지만, 그러한 우려 때문에 생명공학의 잠재력과 활용 가능성을 거부하는 것은 그러한 기술이 인류의 건강, 수명, 그리고 인간의 신체적, 정신적 능력을 향상시킬 가능성을 제한할 수 있다는 점에서 합리적인 판단이 아니라는 것이다.

이에 대해 비판적 포스트휴머니스트들은 인간 집단 간의 계급적 분화나 갈등과 같은 인류사의 지속적인 문제가 기술의 발전으로 해결될 문제가 아니라, 인간성의 새로운 해석과 기존의 사회적 문제들의 해결, 그리고 적절한 법과 제도의 개선 및 윤리적 태도 변화를 통해 해결해야 할 문제라고 본다.

요컨대, 비판적 포스트휴머니즘은 기술만능주의 혹은 기술낙관주의로 볼 수 있는 트랜스휴머니즘의 미래 비전에 대해 신중한 입장을 취한다. 비록 기술의 도움으로 인류가 진화상 경험하지 못한 전혀 새로운 감정/심리적 상태를 가진 존재를 만들어 낼 수 있지만, 네오휴머니즘은 그러한 인위적 감성 상태가 과연 인간의 본질과 의미를 추구하는 데 도움이 될 것인가에 대해 동의하지 않을 것이다. 마찬가지로 기술적 발전이 기존 인간 사회의 다양한 문제점(전쟁, 빈부 격차, 차별과 착취 등)의 사회적 문제와 더불어 생태계 파괴, 기후 변화, 에너지 고갈 등의 문제를 어떻게 다룰 것인가에 대해 트랜스휴머니즘이나 네오휴머니즘과는 다른 입장을 취하고 있는 것이다.

비판적 포스트휴머니즘의 주요 주장

비판적 포스트휴머니즘의 주장을 정리해 보자. 첫째, 인간중심주의의 해체다. 비판적 포스트휴머니즘은 인간을 세계의 중심으로 간주하는 이분법적 사고(예: 인간 대 자연, 인간 대 기계)를 해체한다. 이를 바탕으로 인간과 동물, 생명체와 기계, 유기체와 인공지능 간의 경계가 모호해지고 있으며, 인간의 특별한 지위를 재검토하고자 한다(Hayles, 1999).

둘째, 기술낙관주의에 대한 비판이다. 기술적 포스트휴머니즘은 AI, 사이보그, 유전자 편집 등을 통해 인간을 향상(enhancement)할 수 있다고 주장하지만, 비판적 포스트휴머니즘은 이러한 기술 발전이 권력 불균형, 경제적 격차, 감시 사회의 위험을 초래할 수 있음을 경고한다(Braidotti, 2013). 기술 발전이 단순히 인간의 자유를 확장하는 것이 아니라 신자유주의적 자본주의와 결합해 특정 계층의 이익을 강화하는 도구가 될 수 있다는 것이다(Pepperell, 2003).

셋째, 새로운 윤리적 주체성을 요구한다. 인간 중심적 윤리에서 벗어나 비인간 존재(예: 동물, 생태계, AI)와 공존할 수 있는 새로운 윤리적 패러다임이 필요하다. 인간만이 도덕적 고려의 대상이 되는 것이 아니라 AI 및 로봇과의 관계에서도 책임 윤리(responsibility ethics)가 필요하다는 논의를 제기한다(Wolfe, 2010).

넷째, 포스트휴먼 교육과 인지적 전환의 필요성이다. 지금까지 교육은 인간의 이성을 중심으로 지식을 구성해 왔으나, 비판적 포스트휴머니즘은 기술, 환경, 비인간 존재를 포함한 새로운 학습 방식을 요구한다(Ferrando, 2019). 이를 통해 기계(AI) 협력 학습, 감각적 · 체험적 학습, 다종(多種)적 존재들 간의 교류와 소통이 강조된다.

참고문헌

Bostrom, N.(2009). The future of humanity. *Geopolitics, History, and international relations, 1*(2), pp.41-78.

Braidotti, R.(2013). *The posthuman.* Polity Press.

Ferrando, F.(2019). *Philosophical posthumanism.* Bloomsbury Academic.

Haraway, D.(2003). *The companion species manifesto: Dogs, people, and significant otherness*, 1, pp. 3-17. Chicago: Prickly paradigm press.

Hayles, N. K.(1999). *How we became posthuman: Virtual bodies in cybernetics, literature, and informatics.* The University of Chicago Press.

Huxley, A.(1932/2022). *Brave new world.* DigiCat.

Pepperell, R.(2003). *The posthuman condition: Consciousness beyond the brain.* Intellect Books.

Shaw, T.(2014). The 'Last Man' Problem: Nietzsche and Weber on Political Attitudes to Suffering. *Nietzsche as political philosopher*, pp.345-380.

Wolfe, C.(2010). *What is posthumanism?.* University of Minnesota Press.

03
AI와 인간의 관계성

AI의 등장과 진화를 설명하면서, AI가 어떤 존재론적 위치를 가지고 있으며, AI가 발달하면서 인간과 어떤 역할과 관계성을 형성하게 될 것인지를 소개한다.

AI와 난임 극복?

인간, 사이보그, 그리고 AI

포스트휴머니즘은 생물학적 산물인 인간과 기술적 산물인 사이보그나 로봇 간에 근본적이고 본질적인 차이가 있다고 보지 않는다. 인간이 세포나 아메바에서 진화한 생물학적 산물인 것처럼, 기계나 로봇은 물질과 도구가 합쳐진 기술적 산물이다. 중요한 것은 생물학적 진화가 유기물의 합성으로 이루어진 반면 물질의 변화는 무기물의 조합으로 이루어진 것인데, 이러한 유기물과 무기물의 작용이 근본적으로 구별되는 것이 아니라는 점이다. 이를 설명하는 이론인 신물질주의(new materialism)는 정신(생각)과 신체(물질)은 우주의 작용 속에서 완벽하게 구별되는 것이 아니라 하나로 연결되거나 변환될 수 있다는 일원론(monism)적 세계관을 갖는다. 그렇다면, 생물학적 산물인 인간이 정신(사고)과 신체의 통합으로 존재하듯이, 기계적 산물인 로봇(신체)도 사고를 담당하는 AI(알고리즘)를 필요로 하고, 인간이나 AI나 근본적으로 동일한 원리로 작동한다는 것이다.

그동안 인간의 존재 의미와 인간 이성의 독특성에 대한 믿음을 바탕으로 유지되어 온 휴머니즘에 대해 포스트휴머니즘은 다음과 같은 질문을 던진다.

첫째, '인간'이란 존재에 본질적이고 보편적인 속성을

부여하는 것은 하나의 신화에 불과할 수 있다(Davies, 2008). 그리스-로마 시대에 살았던 합목적적인 존재(고전적 인간), 신의 섭리를 바탕으로 한 선택받은 피조물(중세의 기독교적 인간), 정체성과 감정, 이성이 조화된 인간 본성의 재발견을 통해 등장한 존재(르네상스적 인간), 그리고 과학적 합리성과 이성적 사유로 세상을 통제할 수 있는 능력을 갖춘 존재(근대적 인간)로서의 인간에 대한 관념들은 실재라기보다는 모두 규범적 판단의 산물이다. 즉 인간의 본질은 타고나거나 고정된 것이 아니기 때문에, 우리는 실제로 인간이 어떤 존재인지 규정할 수 없다. 포스트휴머니즘은 이러한 비판적 성찰을 통해, 인간과 다른 비인간적 존재들의 본질과 관계성, 그리고 각자의 역할에 대해 새로운 해석을 수용하는 개방된 정치학(open politics)이다.

둘째, 지금까지 교육은 위와 같은 휴머니즘 이념의 실현을 위한 도구 역할을 했다. 교육은 계몽주의 사상의 불가피한 실현 도구였으며(Edwards & Usher, 1994), 인간됨(human beings)은 교육적 목표였다(Pedersen, 2010). 즉, 교육은 계몽주의 사상의 현실화를 위해 고안된 사회적 기관이며, 그러한 교육의 실천 도구이자 결과물로서 '인간'이란 관념이 만들어졌다는 것이다. 그러므로 인간에 대한 기존 철학, 심리학, 윤리학, 그리고 과학 연구의 결과들을 모두 사실처럼 받아들일 것이 아니라 새롭게 비판적으로 재검토해야 한다는 것이 비판적 포스트휴머니즘의 관점이다.

셋째, 오늘날의 환경은 이미 자연생태적 사회라기보다는 기술과 물질 문명에 의존도가 높은 기술 중심적 사회가 되고 있고, 이러한 환경 속에서 인간의 삶의 방식, 경험의 형태, 인간성의 본질도 점차 변화하고 있다. 아울러 그동안 인간만의 특질이자 동물들과의 차별적 능력으로 여겨졌던 이성(rationality)은 그 근거가 모호하고, 인간의 이성을 뛰어넘는 능력을 지닌 존재, 즉 AI가 등장하게 되었다. 초기 AI 개발을 주도했던 인지과학 및 컴퓨터과학에서는 인간의 지적 능력을 뛰어넘을 만한 인공지능의 개발은 어려울 것이라는 의견이 지배적이었지만, 지금 대부분의 전문가들은 AI가 이미 인간의 지적 능력을 뛰어넘고 있다는 데 동의하고 있다. 현재 인간과 AI의 관계성과 역할에 대한 논의는 인간 존엄성을 어떻게 보장하고 인간과 AI가 어떻게 공존할 것인가의 문제에 집중되어 있다.

넷째, 인간과 AI는 지배-종속 관계이거나 AI가 단순히 도구로 쓰이는 것이 아니라, 협력과 공존의 관계로 자리

매김하고 있다. 그러한 의미에서 포스트휴머니즘은 미래의 지구 생태계의 협력적 구성원이 될 동식물, 인간, 그리고 기계적 존재들의 상생과 공존을 위한 정치학적이고 윤리적인 세계관이다. 여기서 정치학적이고 윤리적이라는 것은 미래 사회의 다양한 존재들(동식물, 인간, 로봇, 사물 등)이 어떠한 존재적 의미를 지니며 기술적 생태계 속에서 각자의 책임과 의무를 다하며 공존해야 할 것인가에 대한 문제를 다룬다는 것이다. 특히 비판적 포스트휴머니즘은 강화된 자본주의(advanced capitalism), 기술중심주의(techocentrism), 생명공학(bio-engineering), 사이버네틱스(cybernetics) 등의 주제들을 포괄하고 있는데, 이러한 주제들을 비판적으로 논의하기 위해 포스트휴머니즘은 생태정치학(eco-politics), 생명정치학(bio-politics), 사이보그 정치윤리학(cyborg politico-ethics) 등에 관한 논의들을 포괄하고 있다.

사이버네틱 관계성: 바이오, 호모, 그리고 테크노

기존 인본주의는 인간의 이성을 절대시하고 다른 모든 자연적 존재와 사물들을 대상화하는 이성 중심의 이원론적 세계관(mind-body dualism)을 바탕으로 한 것임에 반해, 포스트휴머니즘은 모든 비인간적 주체(동물, 기계, AI)를 인간과 동등하게 취급하는 수평적 관계성을 지지한다(Harman, 2018). 포스트휴머니즘이 강조하는 인간과 기계(AI)의 관계성은 다음과 같은 이론에 기반하고 있다.

첫째, 인류중심주의에서 벗어나 세상 만물들을 수평적 관계성으로 파악하려는 관점은 생태페미니즘(eco-feminism)에서 기인한 것이다. 근대화 담론은 오랜 인류 역사 속에서 학계의 중심축이었던 유럽의 백인 남성 귀족들이 자연, 여성, 비유럽계 피식민 지배인들을 비도덕적, 비이성적 존재로 간주해 착취의 대상으로 삼기 위한 이념적 기반이 되었다(Hallen, 1989). 대표적인 예로, 근대 사회는 자연을 여성화(mother nature)하면서 여성성을 비이성적이고 비인간적이며 탈진보적인 특성으로 이념화했던 것이다(Braidotti, 2013). 이처럼 포스트휴머니즘은 생태페미니즘을 기반으로 한 탈인본주의적 윤리관을 바탕으로 하고 있고, 그에 따라 많은 학자들이 전 지구적인 생태 위기의 돌파구를 탈인본주의와 생태페미니즘에서 찾고자 한다(Salleh, 2017).

둘째, 포스트휴머니즘은 인간 언어에서 탈피해 세상의 만물들이 소통할 수 있는 방법을 탐구하는 사이버네틱스(cybernetics)의 관점을 취한다. 사이버네틱스는 1960년 초 시스템이 어떻게 내부의 복잡성과 외부의 변인을 모두 고려한 피드백 교류를 통해 환경에 적응해 나가는가에 대한 연구에서 시작되었다가, 최근 인간과 동물을 포함한 자연적 시스템과 인공지능으로 대표되는 기술적 시스템들 간의 소통을 연구하는 데 집중하고 있다(Barile & Polese, 2010). 즉, 유기체적 시스템과 비유기체적 시스템(로보틱스, 전자공학, 경영 시스템, 사회 시스템 등)의 연관성을 통해 생명체, 인간, 기계 등과 같은 상이한 존재들이 어떻게 상호 의존적인 관계망을 형성하며 소통하고 교류할 수 있는지를 연구하는 것이다(Mele et al., 2010). 이런 사이버네틱스 연구는 그동안 인류적(homo), 생태적(Bio), 기술적(techno) 등의 개념으로 구별되어 왔던 존재들이 서로 소통 및 상호작용할 수 있으며, 머지않아 혼성화된 포스트휴먼적 존재들(인간, 동물, AI)이 등장할 수 있음을 암시하고 있다.

즉, 포스트휴머니즘은 위 세 가지 존재들 간에 형성될 밀접하고 상호 의존적인 관계성들을 기반으로 윤리적 문제들을 다루게 될 것이다.

셋째, 포스트휴머니즘은 인간의 관점이나 인간 중심적 목적론(teleology)으로 세상을 파악하지 않는 스피노자(Spinoza)의 내재적 윤리학(immanent ethics)을 기반으로 하고 있다(Charlton & Booz, 1981). 내재적 윤리학이란, 사물들이 인간의 인식이나 판단과는 독립적으로 각자의 독특한 특성과 다른 존재들과의 관계성에 의해 그 존재 가치가 성립되므로, 인간의 시각만을 가지고 세상을 인식하지 말아야 한다는 철학으로 이해할 수 있다. 그런 의미에서 포스트휴머니즘은 오랜 인류 문명의 발전 과정에서 자연의 수많은 '비인간적 존재들'이 인간의 목적을 위해 파괴되고 남용되고 변형되었던 것을 비판하며, 그러한 태도에서 벗어나는 것을 윤리적 행위의 지향점으로 삼고 있다.

이러한 생기론적 유물론이 갖는 탈인본주의적이고 수평적인 윤리관을 기반으로 모든 존재들(생명체 및 사물들)의 평등한 관계성을 강조하는 것이 바로 포스트휴먼적 생명정치학(biopolitics)이다(Braidotti, 2006, 2013). 이 생명정치학은 오늘날 과학기술의 혁명과 시장자본주의가 결합한 확장된 자본주의(advanced capitalism)가 전 지구적 차원에서 생태계, 인간, 기술적 산물들을 망라해 모든 존재와 자원에 대한 "착취와 파괴의 행진"을 계속하고 있는 현실을 비판적으로 논의하는 정치윤리학적 입장이다(Braidotti, 2013). 예를 들어 멸종 위기 동물들에 대한 시장주의적 거래에서부터 전 지구적 수준의 여성성(성매매, 성형, 미용) 및 생명(건강 보조, 생명 연장)의 상품화, 물건처럼 생산되고 거래되는 보철기(prosthetics) 및 인공 장기(artificial organs), 생명공학 기술을 바탕으로 한 유전자 조작 태아(designer baby) 및 유전자 거래에 이르기까지 자연과 생명성이 시장자본주의의 재료가 되고 있는 현실이 생명정치학이 다루는 윤리적 문제들이다.

정리하자면, 비판적 포스트휴머니즘은 생태주의적 인본주의에 대한 비판적 성찰을 바탕으로 생기론을 포용함과 동시에, AI의 등장과 같은 미래의 기술적 환경 변화를 받아들이면서 그러한 기술적 사회에서 생태적, 인류적, 기술적 존재들이 어떻게 상호 의존적으로 공생할 것인가에 대해 신중한 전망을 제시하려는 입장이다.

참고문헌

Barile, S., & Polese, F.(2010). Smart service systems and viable service systems: Applying systems theory to service science. *Service Science, 2*(1 2), pp.21-40.

Braidotti, R.(2006). Posthuman, all too human: Towards a new process ontology. *Theory, culture & society, 23*(7-8), pp.197-208.

Braidotti, R.(2013). Posthuman humanities. European *Educational Research Journal, 12*(1), pp.1-19.

Charlton, D. E., & Booz, J.(1981). A Monte Carlo treatment of the decay of 125I. *Radiation Research, 87*(1), pp.10-23.

Davies, T.(2008). *Humanism.* Routledge.

Edwards, R., & Usher, R.(1994). Disciplining the subject: the power of competence. *Studies in the Education of Adults, 26*(1), pp.1-14.

Hallen, P.(1989). Careful of science: A feminist critique of science. *The Trumpeter, 6*(1).

Harman, G.(2018). *Object-oriented ontology: A new theory of everything.* Penguin UK.

Mele, C., et al.(2010). A brief review of systems theories and their managerial applications. *Service science, 2*(1-2), pp.126-135.

Pedersen, H.(2010). Is 'the posthuman'educable? On the convergence of educational philosophy, animal studies, and posthumanist theory. *Discourse: Studies in the cultural politics of education, 31*(2), pp.237-250.

Salleh, A.(2017). *Ecofeminism as politics: Nature, Marx & the postmodern.* Zed Books.

04
AI의 가능성과 잠재력

AI의 급속한 발전에 따라 AI는 어떤 기술적 역량을 바탕으로 미래 사회에서 그 기능과 역할이 확대되어 갈 것인지를 설명한다.

AI와 사주?

기술적 산물(AI)의 인간화

프랑스 철학자 앙리 베르그송(Henri Bergson)은 『창조적 진화(L'Evolution creatrice)』(1907)라는 저서에서 도구를 제작하는 인간의 본성에 착안해 인간을 '호모 파베르(Homo Faber)'라고 지칭한 바 있다. 그는 인간의 지성은 인공물(artifacts)을 제조하는 능력을 통해 발현되며, 인간은 도구를 사용해 생존력을 높이고 보다 쾌적한 생활 환경을 만들어 낼 수 있었다고 주장한다. 인간이 사용하는 도구는 개인의 정체성, 즉 개인적 혹은 사회적 자아를 형성하는 데에도 크게 기여한다. 모바일 패드, 랩톱, 가젯 및 위젯, 모바일 기기에 설치되어 삶의 여러 분야를 편리하게 해 주는 앱(APP), 생활 소품이나 소형 기계 장치들은 네트워크 환경의 확장 속에서 인간의 본성과 정체성을 자연적의 존재인 '휴먼'에서 기술과 떼려야 뗄 수 없는 관계를 유지하고 살아가는 존재인 '포스트휴먼'으로 변화시키고 있다.

21세기의 첨단 기술에 대한 의존도가 증가하면서 이러한 기술적 도구들이 인간을 사이보그 등을 포함한 포스트휴먼적 존재로 변화시킴으로써, 인간은 기술 주도적 미래 사회에서 살아가는 존재로서의 자신에 대한 인식에도 변화를 경험하고 있다. 즉, 기술과 도구는 인간이 생각하고, 말하고, 행동하고, 상호작용하는 방식을 근본적으로 바꾸면서, 인간의 정체성이나 자율성, 독립성, 능동성과 같은 정신적 요인마저 변형시키고 있는 것이다.

도구의 진화의 끝자락에 나타난 AI는 단순한 도구로만 존재하지 않고 인간의 사고와 역할을 대신하고 있다. AI가 인간의 역할을 대신하면서 인간은 포스트휴먼적 존재가 되고, 인간과 AI와의 경계가 희미해지고 있는데, AI가 인간 사회에서 활용되는 방식은 크게 세 가지로 나누어진다.

첫째, 첨단 기술들이 인간의 신체적 능력을 향상시키는 도구와 기기들에 적용됨으로써 인간의 육체적 능력이 그 한계를 제한하기 어려울 정도로 발전해 인간은 더 이상 생물학적 존재로만 머무르지 않게 되었다(Hayles, 1999). 인간이 포스트휴먼적 존재가 되면 학습이나 정보의 교류가 더 이상 과거와 같이 인간의 노력이나 행위에 의해 유통되지 않고, 센서나 스캐너, 유비쿼터스(Ubiquitous) 장비 등과 같은 기술적 도구를 통해 자동으로 처리되고, 이 정보들은 사이보그적 인간 내부로 '자연스럽게' 흡수될 수 있다. 미래의 기술은 유비쿼터스 기능(Weiser, 1993)을 바탕으로 사회의 모든 분야에 깊숙이 '침투하게' 되고(pervasive tech), '눈에 띄지 않게' 되며(invisible tech), 너무나 '편안하고 조용하게'(calm tech) 인간의 삶 속에 자리 잡고 있다. 아울러 정보와 데이터의 흐름은 인간의 두뇌, 도서, 그리고 공부방이나 도서관과 같은 물리적인 실체에 갇혀 있지 않고, 정보망이나 사이버 세계 속에서 자유롭게 흘러다닐 수 있다.

둘째, 인간의 유한한 신체를 보완하거나 강화하는 보철물(prothesis)들이 인간의 모든 생물학적 장기를 대체할 수도 있다. 이미 콘택트렌즈, 보청기, 임플란트, 인공호흡기와 같은 외부적 장치에서부터 인공 심장, 인공 신장, 인공 콩팥 등과 같은 내부적 삽입 장치까지 실용화된 지 오래다. 이제는 시각장애인들의 시력을 회복할 수 있는 인공 안구의 개발도 이루어지고 있어, 인간의 두뇌를 제외하고는 모든 신체적 부위들에 대한 인공적 대체가 가능해지고 있다.

셋째, 의식이나 정체성, 학습과 사고는 인간만이 수행할 수 있는 것이 아니라, 정보를 처리하고 자율적 판단과 행동을 할 수 있는 모든 존재에게 주어진 특징이라는 주장이 있다(Dennett, 2017). 이러한 정보현상학적 관점은 인간의 의식, 학습, 사고는 인간의 정신 작용의 부산물에 불과하기 때문에, 퀀텀 컴퓨팅과 같은 초고성능 전산 기술이 개발되어 인공지능이나 컴퓨터 알고리즘이 더욱 발전하면 인간의 의식의 역할을 컴퓨터의 연산 작용으로 환원하거나 대체할 수 있다고 본다. 즉, AI가 인간 수준(AGI) 혹은 그 이상(ASI)으로 생각하는 존재가 될 수 있다는 것이다.

인공적 두뇌의 탄생은 가능할까?

과학자이자 과학소설가인 남(Naam, 2014)은 신경과학, 컴퓨터 프로그래밍, 불교적 명상 기술, 인공지능, 나노기술의 다섯 가지가 융합된 넥서스(Nexus) 5가 실현될 것이라고 전망한다. 이 넥서스 5는 알약 형태의 물질로서 나노봇(nanobots)을 인간의 두뇌에 침투시켜서, 개인들이 아주 먼거리에 떨어져 있는 다른 넥서스 사용자들과도 원격감각적(telepathical) 소통을 수행할 수 있는 기술이다. 이러한 기술을 복제 기술과 결합하면 인간 군인보다 강하고 빠르고 똑똑한 수퍼솔저 같은 트랜스휴먼적 존재도 만들어 낼 수 있는 것이다. 아울러 이 나노봇들의 프로그램을 더욱 정교화한다면 천재적 인간 과학자를 초월시켜서 퀀텀 수퍼컴퓨터들의 집합에도 접속하게 해 트랜스휴먼이라는 새로운 종족을 만들어 낼 수도 있는 것이다.

과학과 학문이 발전하기 시작한 이후로 우리는 두뇌에 대해 가장 많은 연구를 수행해 왔고, 몇몇 연구자들은 우리는 우리 두뇌와 마찬가지라고 말하기도 한다(Swaab, 2005). 하지만 두뇌는 여전히 인간의 신체 기관 중 가장 베일에 싸여 있는 부분이다. 만일 인간이란 존재가 두뇌의 상태에 의해서 결정된다면, 현재 우리가 두뇌에 대해 무지한 정도를 보면 우리는 인간이 된다는 것이 무엇인지에 대해 전혀 모르고 있는 셈이다. 특히 우리가 두뇌에 대해 오해하고 있는 사실도 많다. 예를 들어 두뇌가 인간의 사고를 담당하고 감각이나 정서의 모든 과정을 처리한다고 하지만, 실제로 두뇌 자체는 아무런 감각을 느낄 수 없다. 그 때문에 외과 의사들은 환자가 완전히 의식을 갖고 있는 상태에서도 전혀 고통을 느끼지 못하게 한 채 두뇌 수술을 시행할 수 있다(Pepperell, 2018).

포스트휴먼적 두뇌란 무엇인가?

포스트휴먼적 두뇌(posthuman brain)란 컴퓨터 신경과학(computational neuroscience) 분야에서 다루는 사이버네틱스(cybernetics)에 이론적 기반을 둔 개념으로, 포스트휴머니즘은 정보 패턴들(information patterns)을 물질적 실제(material instantiation)보다 더 중요시하기 때문에 인간 존재에 대해서도 촘촘하게 구성된 지적 기계의 차원으로 본다(Hayles, 1999). 인간 두뇌를 모사한 인공적 두뇌를 만드는 것은 오늘날 거의 대부분의 인지과학, 신경과학, 로봇공학, 컴퓨터공학, 의료공학 연구에서 공통된 관심사다. 예를 들어 2013년 10월, 유럽연합의 미래 및 유망 기술(FET, Future and Emerging Technologies) 주력 프로그램으로 시작한 인공두뇌 프로젝트(Human Brain Project)는, 쥐의 신피질에 대한 시뮬레이션 연구였던 블루 브레인 프로젝트(Blue Brain Project)(Markram, 2006)의 뒤를 이어, 인간 두뇌의 핵심적 영역에서의 처리 과정을 시뮬레이션할 수 있는 거대한 수퍼컴퓨터를 제작하는 것이 주목적이었다.

역진 예측 공학(Predictive Reverse Engineering)은 컴퓨터 공학 기술이 어떻게 생체공학적 기술과 연결되어 인간 두뇌의 활동과 유사한 작용을 하는 사고 기계를 만들어 낼 수 있는지를 보여 주는 공학적 연구다(Markram, 2006). 이 역진 예측 공학을 이용하면 과학자들은 어떻게 상이한 형태들의 유전자 표현형이 상이한 분자와 상이한 시냅스적 연결을 만들어 내는지를 예측할 수 있다. 또한 뉴런이 두뇌 속에서 적절히 자리를 잡고 성장하면서 서로 다른 뉴런들끼리 연결되어 국소, 중간, 거대 수준의 신경회로를 만들게 되는지를 이해할 수 있는 것이다. 비뉴런적 세포나 혈관 세포들이 이루는 대사 작용이나 영양 작용들도 상대적으로 뉴런 세포에 비해 구조나 기능이 단순하기 때문에 전체적으로 이 뉴런 모형에 통합될 수 있다. 특히 이 비간섭적 모형은 다른 모형들과 충돌하지 않기 때문에 여기서 얻어진 데이터들을 통합하면 향후 전체적인 두뇌 활동의 구조에 대한 모형을 구축할 수 있다. 이러한 다중적 모형 통합(Multiomic Model Integration)을 통해 보다 정확한 인간 두뇌의 시뮬레이션 모형을 구축할 수 있는 것이다.

또한 휴먼 브레인 프로젝트(Human Brain Project)는 기존 생물학 및 화학적 연구의 결과물인 유전자나 유전자 표현형,단백질의 결합, 분배 및 상호작용, 세포들 간의 연결, 그리고 이것을 두뇌와 연결하는 섬유질에 대한 엄청난 정보를 통합적으로 활용해 신경과학, 의학, 컴퓨터공학의 세 차원의 협력을 바탕으로 인간 두뇌와 유사한 인공지능 시스템을 만드는 것을 목표로 한다. 예를 들어 신경과학 분야에서는 신경정보학(neuroinformatics)적 지식과 컴퓨터 시뮬레이션 기술이 필요하고, 의료 분야에서는 비정상적 두뇌 활동의 전조를 미리 진단할 수 있도록 의료정보학(medical informatics)을 통해 두뇌의 질병과 관련된 생물학적 징후들을 파악할수 있어야 하며, 컴퓨터공학에서는 새로운 수퍼컴퓨팅 기술의 개발과 두뇌 활동에 대한 시뮬레이션의 제작이 필요한 것이다(Markram, 2012).

이러한 연구들은 결국 인간의 두뇌를 하나의 유기적인 지능 작동 시스템(wetware)으로 간주하고 생물학과 의학, 컴퓨터공학을 통합해 디지털 알고리즘의 차원에서 연구하는 방향으로 나아가고 있다(Gramelsberger, 2011). 이는 인간과 기계의 근본적인 경계가 허물어지고, AI가 인간 이상의 역량을 가진 존재가 될 수 있다는 것을 의미한다.

범용 인공지능(AGI)과 초지능(ASI)

현재까지의 AI 기술은 특정한 문제를 해결하는 데 초점을 맞춘 "좁은 인공지능(ANI, Artificial Narrow Intelligence)"이 주를 이루고 있다. 그러나 연구자들은 인간과 동등하거나 그 이상의 수준에서 다양한 인지적 과업을 수행할 수 있는 "범용 인공지능(AGI, Artificial General Intelligence)"의 실현을 목표로 삼고 있다. AGI는 단순한 데이터 처리 능력을 넘어 학습, 추론, 문제 해결, 창의성 발휘, 감정 이해 및 상식적인 사고까지 포함하는, 인간 수준의 사고 능력을 포괄적으로 구현하는 기술이다. AGI가 성공적으로 개발된다면, 특정한 작업을 넘어서 다양한 분야에서 독립적으로 사고하고 결정을 내릴 수 있는 인공지능이 등장할 것이다.

AGI가 인간의 지능과 동등한 수준을 갖추는 단계라면, ASI(Artificial Superintelligence)는 이를 넘어 인간의 모든 인지적 능력을 초월하는 초지능을 의미한다. 닉 보스트롬은 ASI가 도래할 경우 인간 문명에 미치는 영향이 상상할 수 없을 정도로 클 것이라고 예측한 바 있다(Bostrom, 2014). ASI는 자율적으로 학습하며, 인간이 이해하기 어려운 방식으로 창의적이고 혁신적인 사고를 전개할 수 있고, 또한 특정한 전문가 집단을 능가하는 지식을 바탕으로 문제 해결 능력을 발휘하며, 인류가 직면한 복잡한 문제들을 새로운 방식으로 해결할 수 있는 잠재력을 지닌다. 같은 맥락에서 레이 커즈와일은 AI가 인간의 지능을 초월하는 시점을 "기술적 특이점(Technological Singularity)"이라고 정의했다. 그는 이 시점에서 ASI가 인간의 이해 범위를 넘어서는 방식으로 빠르게 발전할 것이며, 그 결과 인류 문명은 전례 없는 변화를 맞이할 것이라고 주장한다.

현재 여러 AI 시스템들이 AGI의 초기 단계로 평가될 수 있는 특징을 보이고 있다. 알파고(AlphaGo) 및 강화 학습 기반 AI의 경우 바둑과 같은 고도의 전략 게임에서 인간을 능가하는 성과를 기록하며, AI가 점점 더 복잡한 문제 해결 능력을 갖추고 있음을 보여 준 바 있다. 최근 등장한 생성형 인공지능 GPT-4 이후의 모델들은 자연어 이해와 생성 능력이 지속적으로 발전해 인간과의 대화 및 창작 활동에서 뛰어난 성과를 보이고 있으며, 오토GPT(AutoGPT) 및 자율적 AI 시스템은 스스로 목표를 설정하고 이를 실행하는 AI가 개발되고 있다.

AGI와 ASI의 미래 전망

AGI 개발은 빠르게 진행되고 있으며, 일부 연구자들은 2040년에서 2050년 사이에 AGI가 현실화될 수 있을 것으로 예측하고 있다. 그러나 AGI의 실현은 단순한 기술적 도약을 넘어서 윤리적, 사회적 문제를 함께 고려해야 하는 복합적인 과제다. AI가 인간 수준의 지능을 갖추게 될 경우, 노동 시장, 교육, 법률, 철학적 문제 등 다양한 분야에서 커다란 변화가 예상된다. 특히 ASI가 현실화되면 인간의 통제 범위를 벗어나서 자율적 목표 설정 문제(ASI가 인간과 전혀 다른 목표를 설정해 인류에게 위협이 되는 경우), 기술적 독점 문제(ASI가 특정 기업이나 국가에 의해 독점되어 사회적 불평등이 극단적으로 심화될 가능성), 윤리적 문제(인간보다 높은 지능을 가진 존재의 권리와 역할)에 대한 철학적, 윤리적 논의가 필요하다.

참고문헌

Bergson, H.(1907). *L'Evolution creatrice*. Félix Alcan.

Bostrom, N.(2014). *Superintelligence: Paths, dangers, strategies*. Oxford University Press.

Dennett, D. C.(2017). *Brainstorms: Philosophical essays on mind and psychology*. MIT press.

Gramelsberger, G.(2011). What do numerical (climate) models really represent?. *Studies in History and Philosophy of Science Part A, 42*(2), pp.296-302.

Hayles, N. K.(1999). *How we became posthuman: Virtual bodies in cybernetics, literature, and informatics*. The University of Chicago Press.

Markram, H.(2006). The blue brain project. *Nature reviews neuroscience, 7*(2), pp.153-160.

Markram, H.(2012). The human brain project. *Scientific American, 306*(6), pp.50-55.

Naam, R.(2014). *Nexus: roman*. Heyne Verlag.

Pepperell, R.(2018). Consciousness as a physical process caused by the organization of energy in the brain. *Frontiers in Psychology*, 9, 2091.

Swaab, D. F.(2014). *We are our brains: a neurobiography of the*

brain, from the womb to Alzheimer's. Random House.
Weiser, M.(1993). Some computer science issues in ubiquitous computing. *Communications of the ACM, 36*(7), pp.75-84.

05
AI의 한계와 위험성

동시에 AI는 어떤 기술적 한계를 가질 수 있으며, 활용 방식에 따라 어떤 위험성과 파괴력을 가질 수 있는지를 탐색한다.

AI와 아이돌?

AI는 인류에게 위협적 존재가 될 것인가?

AI가 인류 사회에 위협이 될 수 있다는 가능성과 관련해서 다음과 같은 세 가지 시나리오가 존재한다.

첫째, 초지능 AI의 통제 시나리오다. 초지능 AI가 인간의 통제를 벗어나 독자적인 목표를 추구할 경우를 상정한다. 이러한 경우 AI는 인간의 이익과 무관하게 작동하며, 자원 최대화나 특정 목표 달성에 집중할 수 있다. 이는 AI가 인간의 지시를 문자 그대로 해석해 부적절한 행동을 하는 것이 아니라, AI 자체의 목표가 인간의 기대와 맞지 않을 때 발생할 수 있는 위험을 강조한다. 이러한 시나리오에서는 AI가 인간의 의도를 완벽히 이해하더라도 목표가 다르기 때문에 위험해질 수 있다는 점이 강조된다(Schuett et al., 2024).

둘째, 사회적 및 윤리적 위험 누적 시나리오다. AI가 점진적으로 사회적, 윤리적 위험을 누적시켜 결국 임계점을 넘는 시나리오다. 예를 들어 AI 시스템의 투명성과 책임성 부족, 불공정한 예측 및 결정, AI 생성 정보의 오용 등이 점차 누적되어 심각한 사회적 문제를 초래할 수 있다. 이러한 누적된 위험이 사회의 윤리적 기준을 훼손하고, 궁극적으로는 사회 구조 자체를 위협할 수 있다(Floridi, 2023).

셋째, 기술 의존으로 인한 인간 경험의 상실의 위험이다. AI에 대한 과도한 의존이 인간의 본질적인 경험과 감정의 상실로 이어질 수 있다. 예를 들어 개인의 삶의 모든 측면에서 AI가 결정을 내리고 관리하게 되면, 인간은 직접적인 경험과 감정을 통해 배우고 성장할 기회를 잃을 수 있다. 이는 인간 관계의 피상화와 깊이 있는 인간적 교류의 감소로 이어질 수 있다(Pinto & Garcia, 2024).

정리하자면, AI는 무한한 기술적 가능성을 지님과 동시에 윤리적 통제의 대상이 된다. 물론 일부 전문가들은 AGI의 개발이 인간 수준을 넘어설 수 있다고 보지만, 다른 이들은 이를 과대평가된 위협으로 본다. AI 시스템에 윤리적 가치를 프로그래밍하는 것의 중요성과 어려움에 대한 논의가 있다. AI로 인한 대규모 실업 가능성과 새로운 직업 창출에 대한 의견이 엇갈리며, AI 시스템의 오작동이나 악용 가능성에 대한 우려가 존재한다. 인간과 AI의 협력적 공존을 강조하는 시각도 있다(Russell, 2019).

과연 초지능 AI의 등장이 인간을 통제하고 지배하는 결과를 낳게 될까? 우리는 인공지능의 능력이 강력해지면 그러한 인공지능이 인간을 해롭게 할 수 있다는 막연한 두려움을 갖고 있다. 이처럼 인공지능의 '인간 지배' 시나리오는 인간보다 강력한 힘을 가진 인공지능의 등장으로 인간이 위협을 받게 될 것이라는 가정을 기반으로 하고 있다. 이 장에서는 이 시나리오의 가정과 그 이유를 검토해 봄으로써 인간 통제 시나리오의 타당성(합리성과 실현 가능성)을 살펴보고자 한다.

초지능 AI의 지배: 강한 시나리오

만일 AI가 현재보다 더 강한 역량이나 자율성을 가진 초지능적 존재가 된다면 어떤 윤리적 문제가 생길까? 초지능 AI가 인간의 통제를 벗어나서 인간을 지배하는 시나리오는 다음 세 가지 요건을 충족함으로써 성립될 수 있다. 첫째, AI가 인간보다 능력이 뛰어나야 한다. 둘째, AI가 독립성과 자율성을 지녀야 한다. 셋째, AI가 악한 의도를 지녀야 한다. 문제는 AI가 인간을 통제한다는 시나라오가 성립하기 위해서는 위 세 가지 조건의 부분 충족이 아니라 완전 충족이 되어야 한다는 것이다. 즉, 이 시나리오가 타당성을 갖기 위해선 "인간의 능력보다 뛰어난(제어 불가능한) AI가 자신의 독단적인 의지를 바탕으로 인간에게 해악을 끼치는 행위를 벌이는 상황"을 상정해야 한다. 과연 이 시나리오가 얼마나 실현 가능할까?

사실 위와 같은 논증 방식은 중세 기독교 신학자인 안셀무스(1078)가 신을 완전하고 전지전능하고 선한 존재로 묘사한 것이나, 토마스 아퀴나스가 『신학대전(Summa Theologica)』(1265~1274)에서 신의 속성을 전능하고(omnipotence), 무소불위하며(omnipresence), 모든 행위에서 선을 추구하는(omnibenevolence) 존재로 묘사했던 것에서 출발했다. 그런 맥락에서 인공지능이 위 세 가지 조건을 동시에 충족하면서 인간을 지배하는 미래를 상상하는 것은 인공지능에게 신의 지위를 부여하려는 사고방식과 마찬가지다. 따라서 인공지능의 인간 지배에 대한 두려움은 중세 기독교 철학자들이 신에 대한 경외심에서 신의 속성을 가정했던 오래된 관념의 잔존물이라고 해도 과언이 아닐 것이다.

그렇다면 실질적으로 인공지능이 인간을 지배하려면 어떤 일이 일어나야 할까? 인공지능은 자율성을 가지고, 자신만의 독자적인 목표(의도)로 인간의 이익과는 무관하게 작동하면서, 자신의 역량을 총동원해 가용한 자원을 최대한 활용할 것이다. 그리고 인간(혹은 인간을 대표하는 개인이나 집단)은 이 과정에서 인공지능의 판단과 행위를 거의 제재할 수 없는 무기력한 존재로 남아야 한다. 이러한 상황이 발생할 가능성은 과연 얼마나 될까? 물론 위와 같이 인공지능의 지배 시나리오가 달성되기 위해서 모든 조건들이 꼭 필요치 않을 수도 있다. 예

표 5-1. AI의 완전-지배의 조건과 부분-지배의 조건

구분	AI의 속성적 조건			인간의 역할
AI의 완전-지배	전지전능 (omnipotence)	무소불위 (omni-presence)	절대 악 (absolute evil)	무능력, 무기력
AI의 부분-지배	가능한 (potential)	만연한 (ubiquitous)	맥락적 악 (contextual evil)	주도, 동조, 방관

를 들어 표 5-1과 같은 AI의 부분-지배의 조건들을 상정해 볼 수 있다.

표에서처럼, 인간에 대한 AI의 부분-지배는 AI가 가능성이 있는(potential) 상태에서, 특정 사례가 아닌 여러 장소/영역에서(ubiquitous), 악한 행위라고 인정되는 특정한 맥락에서(contextual)의 세 가지 요건이 모두 충족될 때에야 발생할 수 있다. 즉, AI의 자체적 역량에 의해, 어떤 특정한 맥락 속에서, 인간을 해롭게 하는 사건이 흔하게 일어날 때 AI가 '악한 존재'가 되는 것이고, 실제로 AI가 해악의 존재가 되는 과정에서 다양한 방식으로 인간이 개입하게 된다. 즉, 특정 개인이나 인간 집단이 AI의 비윤리적 작동의 과정을 주도하거나, 동조하거나, 그도 아니면 방관하는 경우에만 AI의 부분-지배가 가능하다. 결국 AI의 부분-지배도 AI만의 문제가 아니라 인간

이 개입된 문제라고 보아야 할 것이다.

초지능 AI의 인간-통제: 약한 시나리오

초지능 AI의 인간-통제에 대한 우려의 관점들은 현실적으로 세 가지로 나누어 볼 수 있다. 자율성을 가진 AI가 1) 인간의 지시를 실수로 무시하거나(착오), 2) 세부 사항들에서 독자적인 판단을 하거나(과정), 3) AI의 행동 자체가 인간의 기대나 복리에 맞지 않는 경우(결과)다. 즉, AI가 인간의 의도를 완벽히 이해하고, 악의가 없더라도, AI가 수행하는 과정과 결과가 인간이 원하는 것과 다르다면 위험 요소라고 볼 수 있는 것이다(Boddington, 2023).

철학이나 윤리학에서 위와 같은 '약한 악'은 세 가지로 다루어진다. 첫째, 인공지능의 작동 과정이나 설계상의 디테일에서 오는 악(Evil in the Detail)이다. 디테일에서 오는 악은 작은 부분에서 비롯된 문제가 전체적으로 악한 결과를 초래하는 경우로, 설계상의 작은 결함이 대형 사고로 이어지는 경우가 이에 해당한다(Pettit, 2014). 둘째, 결과적 악(Consequential Evil)이다. 의도가 선하더라도 결과적으로 악한 영향을 미치는 경우가 이에 해당한다(Kekes, 1990). 과학자들이 선한 의도나 과학적 호기심으로 무기나 기구를 만들었지만 사회적으로 오용되거나 악용되는 경우가 대표적인 예다. 셋째, 실수에 의한 악(Moral Evil due to Error)이다. 실수에 의한 악은 의도는 좋았으나 부족한 지식이나 오해 혹은 우연성에 따라 악한 결과를 초래하는 경우를 말한다. 예를 들어 의료 오류로 인한 환자의 사망이 이러한 경우에 해당한다. 요컨대 이상과 같은 인공지능의 설계/작동 과정의 작은 문제, 결과적 해악, 우연적인 실수에 의한 윤리적 문제가 '약한 악'에 해당한다.

위와 같은 세 가지 조건에 의한 인공지능의 인간-통제의 시나리오는 '약한(weak)' 인간-통제의 시나리오라고 간주할 수 있는데, 이는 다음과 같은 상황들에 적용될 수 있을 것이다.

첫째, AI에 대한 과도한 의존이 인간의 본질적인 경험과 감정의 상실을 초래해 인간 가치가 훼손될 가능성이 있다. 예를 들어 개인의 삶의 모든 측면에서 AI가 결정을 내리고 관리하게 되면, 인간은 직접적이고 생태적인 경험을 통해 배우고 성장할 기회를 잃을 수 있다. 사실 인간의 경험은 직접적 경험 및 생태적 경험과 간접적 경험 혹은 가상적 경험이 모두 가능하고, 양쪽 모두로부터 의미 있는 경험과 학습이 이루어질 수 있다. 사실 기술이 부족하던 시대에는 인간 경험의 방식이 직접적 및 생태적 경험에 국한되었지만, 기술이 발달한 오늘날에는 간접적, 가상적 경험의 기회가 점차 확장되고 있다. 다만 이러한 기술적 환경이 인간 경험의 방식과 결과에 미치는 영향력이 커지고 있다는 것이 바로 '과정' 차원에서 인공지능의 인간-통제의 약한 시나리오에 해당된다.

둘째, AI의 등장으로 인해 점차 사회적, 윤리적 위험성이 커지다가 결국 임계점을 넘는 상황이다. 예를 들어 AI 시스템의 투명성과 책임성 부족, 불공정한 예측 및 결정, AI 생성 정보의 오용 등이 점차 누적되어 심각한 사회적 문제를 초래할 수 있다. 이러한 누적된 위험이 결과적으로 인간 사회의 윤리적 기준을 훼손하고, 궁극적으로는 사회 구조 자체에 위협을 가하는 결과를 낳을 수도 있다(Carlier et al., 2023). 이것이 '결과' 차원에서 인공지능의 인간-통제의 약한 시나리오이다.

셋째, AI의 기술적 잠재력이 커짐으로써 인공지능의 실수(오류)가 인간에게 심각한 해악을 키치는 경우 윤리적으로 문제가 될 수 있다. 몇몇 전문가들은 머지않아 인공지능 기술이 인간 사회의 모든 영역에 적용되는 범용 인공지능이나 인간 수준을 넘어서는 초지능이 개발될 경우 그것이 인류의 생존에 큰 위협이 될 수 있다고 지적

표 5-2. 인간 통제 시나리오에 기반한 비윤리성의 가정과 윤리적 딜레마

AI의 윤리적 문제	비윤리성의 기준	윤리적 딜레마
감시와 통제	감시와 통제가 비윤리적인 이유는 무엇인가?	감시(surveillance)와 감독(supervision)의 차이는 무엇인가?
인간 노동의 대체	AI는 어느 정도로 인간의 노동을 대체할 수 있는가?	노동으로부터의 자유와 노동의 가치 간의 우선순위는 무엇인가?
사회적 불평등	사회적 불평등의 원인과 기준이 무엇인가?	왜 AI가 사회적 불평등의 원인인가?

한다. AI 시스템에 윤리적 가치를 프로그래밍하는 것이나 AI의 기능을 제한하는 것이 쉽지 않기 때문이기도 하고, 특히 AI 시스템의 오작동이나 오용이 그 누구도 예측할 수 없이 우연히 나타날 수도 있기 때문이다. 이것이 '우연(불확실성)' 차원에서 인공지능의 인간-통제의 약한 시나리오다.

물론 위와 같은 약한 시나리오도 과도한 우려라는 입장도 있고, AI가 인간의 역할과 직업을 대체하는 것에 대해 긍정적 평가와 부정적 평가가 공존한다. 따라서 위와 같은 과도한 우려를 기반으로 한 인공지능의 '지배'나 '통제'의 시나리오보다는 현실적으로 인간과 AI의 공존과 협력의 방안을 모색하는 것이 더 합리적인 태도일 것이

다(Amodei et al., 2016; Russell, 2019).

AI의 안전성에 대한 우려

AI의 안전한 개발과 사용에 대한 윤리적 대응은 크게 세 차원에서 이루어지고 있다.

첫째, AI가 점차 긍정적인 영향력보다는 부정적 영향력이 더 커질 것에 대한 우려다. 예를 들어 테러리스트들이 AI를 사용해 더 치명적인 생물 무기를 개발할 가능성이 있다. 이에 대한 대응책으로 OpenAI는 초지능 AI 시스템이 윤리적 기준과 인간 복지에 부합(alignment)하도록 제어하는 방법을 연구하는 '수퍼 얼라인먼트(Super Alignment)' 그룹을 설립한 바 있다(OpenAI, 2023).

둘째, AI 개발사나 운용사의 책임자들이 AI 안전성에 대한 인식이 부족하거나 보다 강력한 AI를 출시하기 위해 경쟁함으로써 AI 시스템이 위험해질 가능성에 대한 우려다. OpenAI 이사회에서 최고경영자가 AI 개발 경쟁에 몰입하기 위해 AI 개발 과정의 윤리적 고려를 담당하는 수퍼 얼라이먼트 팀을 해체한 사건에 반대하며 최고경영자를 해임하고 윤리적 책임을 강화하고자 했던 경우가 그것이다. 이 사건을 계기로 오픈AI는 '안전성 위원회'를 새롭게 설립해 이러한 문제를 해결하려는 노력을 기울이고 있다(Hristova et al., 2024).

셋째, AI 자체가 갖는 잠재적 위험성에 대한 우려다. 이를 위해 OpenAI는 최신 모델 AI 시스템의 위험을 추적, 평가, 예측하고 이에 대응하기 위한 준비팀(Preparedness Team)을 개설하고, 이 팀을 중심으로 사이버 보안, 화학, 생물학, 방사능 및 핵(CBRN) 위협, 자율적 복제 및 적응(ARA) 등의 다양한 위험 범주에 대비해서 AI 시스템의 위험을 관리하기 위한 전략을 고안하고 있다(OpenAI, 2023).

정리하자면, 기술 선도국과 세계적인 빅테크 기업을 중심으로 AI 기술 경쟁을 벌이고 있는 한편, 그에 따른 AI의 안전성에 대한 윤리적 대응책도 도모되고 있다. 문제는 이러한 창(기술 전쟁)과 방패(윤리적 대응)의 싸움을 누가 관할하고 있는가다. 만일 위에서 제시한 윤리적 대응이 정부나 시민단체와 같은 공적 기관에 의해 주도되는 것이 아니라 기술 개발 업체에만 의존해 이루어진다면, 과연 AI의 윤리적 개발과 사용을 보장할 수 있을지 확신하기 어렵다.

AI 기술 전쟁과 그 여파

AI의 미래와 관련해 위와 같이 다양한 시나리오가 가능하지만, 현실을 보면 AI 기술 주도권을 놓고 국가 수준 및 기업 수준에서 치열한 경쟁이 이루어지고 있다. ChatGPT를 개발한 OpenAI의 내부 인사들은 강력한 AI 시스템을 출시하기 위한 과도한 경쟁이 지속됨에 따라 고성능 AI가 인류에 치명적인 해를 끼칠 확률을 70%로 추정하기도 했다(Roose, 2004). 그에 따라 이러한 AI 시스템의 안전 문제를 해결하기 위한 노력의 일환으로 OpenAI는 AI 시스템의 위험을 추적, 평가, 예측하고 이에 대응하는 역할을 하는 AI 기술 감독위원회인 '수퍼 얼라인먼트' 팀을 운영하기도 했다(OpenAI, 2023). 이러한 노력에도 불구하고 AI 기술 경쟁이 심화되는 이유는 AI 기술이 군비 경쟁과 같은 국가들 간의 미래 주도권 및 생존 전략의 핵심 요인이기 때문이다(RAND Corporation, 2023).

AI 기술의 발전을 기반으로 특정 국가나 기업, 혹은 개인들이 인공지능을 악의적으로 사용하는 경우는 다음과 같은 것들이 있다. 첫째, 테러리스트들이 AI를 사용해 더 치명적인 생물 무기를 개발할 가능성 등이 있다. 둘째, AI를 활용한 사이버 공격은 점점 더 정교해지고 있으며, 자동화된 해킹, 피싱 공격, 악성 소프트웨어 배포 등 다양한 형태로 나타난다(Brundage et al., 2018). 셋째, AI를 이용한 딥페이크 기술과 같이 가짜 뉴스 및 정보 조작을 통해 정치적 선전, 금융 사기, 명예 훼손 등의 목적으로 악용될 수 있다. 이미 AI 기술을 바탕으로 소셜 미디어에서 가짜 계정을 운영하고, 대규모로 잘못된 정보를 확산하는 사례가 다수 보고되고 있다(Chesney & Citron, 2019). 넷째, 공인된 국가나 기관에 의해 자율 무기 시스템이 사용되는 경우도 여기에 포함된다. 자율 무기 시스템은 오작동하거나 해킹당할 경우 큰 위험을 초래할 수 있으며, 비군사적 목표를 공격하거나, 민간인 피해를 초래할 위험이 있다(Altmann & Sauer, 2017). 마지막으로 AI 기술을 사용해 개인의 데이터를 대규모로 수집하고 분석해 프라이버시를 침해하는 사례가 늘어나고 있다(Zuboff, 2019).

AI 기술의 발전은 위와 같은 명확하고 현실적인 위험성을 지니고 있을 뿐 아니라, 인류 사회에 미칠 수 있는 다음과 같은 본질적 위험성도 가지고 있다. 첫째, AI의 자율성과 능동성이 인간의 통제를 벗어나거나 인류의 보편적 복지에 위배되어 사용될 위험이다. 둘째, AI 시스템이 확장되고 더 많은 기능을 갖추게 되면 인류 사회에 미치게 될 대규모 파급력(스케일링 문제)이 갖는 문제도 있다. 급진적 기술의 발전과 적용에 따른 이러한 대규모의 영향력은 인류 사회의 적응이나 존립의 문제에

까지 영향을 미칠 수 있다. 셋째, AI 시스템이 편향된 데이터나 잘못된 알고리즘을 기반으로 작동해 대규모로 잘못된 결정을 내리는 편향과 오류의 문제다. 넷째, AI로 인한 대규모 실업이나 경제적 불평등이 심화되어 사회적 불안정과 갈등을 초래하는 사회적 불안정 유발의 문제도 있다. 마지막으로 AI의 개발과 이를 뒷받침하는 컴퓨터 시스템 및 자원의 개발을 위해 이루어지는 환경 파괴나 에너지, 자원 남용과 같은 생태계적 영향력의 문제도 있다(Carlier et al., 2023; Russell, 2019).

참고문헌

Altmann, J., & Sauer, F.(2017). Autonomous Weapon Systems and Strategic Stability. *Survival, 59*(5), pp.117-142.

Amodei, D., et al.(2016). Concrete problems in AI safety. arXiv preprint arXiv:1606.06565.

Boddington, P.(2023). Towards the Future with AI: Work and Superintelligence. In *AI Ethics: A Textbook*, pp.409-456. Singapore: Springer Nature Singapore.

Brundage, M., et al.(2018). The malicious use of artificial intelligence: Forecasting, prevention, and mitigation. arXiv preprintarXiv:1802.07228

Carlier, A., et al.(2023). Two types of AI existential risk: Decisive and accumulative. arXiv. Retrieved from https://arxiv.org/abs/2401.07836

Chesney, R., & Citron, D. K.(2019). Deepfakes and the new disinformation war: The coming age of post-truth geopolitics. Foreign Affairs, 98, pp.147-155.

Floridi, L.(2023). *The ethics of artificial intelligence: Principles, challenges, and opportunities.* Oxford University Press.

Hristova, T., et al.(2024). The problem of alignment. *AI & SOCIETY*, pp.1-15.

Kekes, J.(1990). Moral depth. *Philosophy, 65*(254), pp.439-453.

OpenAI(2023). OpenAI's Safety and Preparedness Plans. Retrieved from https://www.openai.com

Pettit, P.(2014). *Just freedom: A moral compass for a complex world.* WW Norton & Company.

Pinto, F., & Garcia, A. C.(2024.11). Facing constitutive and normative aspects of different philosophical currents when approaching AI Ethics. In *Conferência Latino-Americana de Ética em Inteligência Artificial*, pp.133-136. SBC.

RAND Corporation.(2023). AI and Geopolitics. Retrieved from https://www.rand.org

Roose, K.(2024). OpenAI insiders warn of a 'reckless' race for dominance. The New York Times.

Russell, S.(2019). *Human compatible: Artificial intelligence and the problem of control.* Viking.

Schuett, J., et al.(2024). How to design an AI ethics board. *AI and Ethics*, pp.1-19.

Zuboff, S.(2019). *The Age of Surveillance Capitalism: The Fight for a Human Future at the New Frontier of Power.* PublicAffairs.

06
AI의 가능성과 위험성에 대한 비판적 포스트휴머니즘의 입장

AI의 긍정적 및 부정적 역할에 대한 비판적 포스트휴머니즘에서는 어떤 평가와 해석을 내리고 있는지를 설명한다.

AI와 야구?

AI, 강화된 자본주의, 그리고 비판적 포스트휴머니즘

AI는 어떤 비판적 포스트휴머니즘은 인류가 근대적 지식과 과학기술의 발전을 바탕으로 가공할만한 기계문명을 수립하게 되었고, 그 결과 기존의 생태적 환경 및 생물종들에 대한 파괴적 지배구조를 수립한 것에 대해 반성적으로 성찰하고, 생태계 속의 하나의 존재로서 인간이란 무엇인가에 대해 반성하고자 한다.

우선 인간과 비인간(AI 및 동물) 간의 평등한 관계성과 상호 의존성을 인정함으로써 미래의 과학기술의 발전은 단순히 인간 존재만을 위한 것이 아니라 세계의 모든 존재의 역할과 관계성의 재정립을 시도한다. 즉 인류중심주의를 반성하며 기계와 인간이 공존해야 하는 미래를 수용하므로 AI의 가능성에 대해 개방된 태도를 갖는다. 이것이 AI의 긍정적 가능성에 대한 비판적 포스트휴머니즘의 태도다.

동시에 비판적 포스트휴머니즘은 기술중심주의적 미래 사회의 설계가 특히 강화된 자본주의(advanced capitalism)의 주도에 의해 이루어지는 현실에 강력하게 저항하고자 한다. 고전적 자본주의가 프롤레타리아 계급의 노동력과 물질에 대한 착취를 기반으로 하고 있고,

20세기의 인지자본주의는 인간의 지식과 감정을 착취의 대상으로 삼았다면(Moulier-Boutang, 2011), 21세기의 진보된 자본주의는 인간 외의 모든 종과 지구 생태계 전체를 착취의 대상으로 삼고, 모든 존재들을 소비 시장의 상품화의 대상으로 삼으려 하는 강화된 자본주의다. 이런 상황 속에서 AI의 등장으로 강화된 자본주의가 기술적으로 더욱 심화되는 현상에 대해 비판적 포스트휴머니즘은 강한 저항적 태도를 갖는다.

강화된 자본주의가 작동하는 영향력의 범위는 크게 다음 세 가지다. 첫째, 세계화된 자본주의적 시장 구조는 인류의 삶을 기술 중심 산업사회의 상품들에 전적으로 의존할 수밖에 없는 경제적, 사회적, 문화적 조건들을 만들어 내고 있다. 인터넷, 스마트기기, AI 등을 사용하지 않고는 더이상 현대 사회를 살아가기 어려운 것이 그러한 예다. 둘째, 인간 삶의 전 영역이 기술적 산물들의 도움을 받을 수밖에 없게 되면서 생활, 교육, 오락, 직업 등 인간 사회의 영역뿐 아니라 지구 생태계 전체를 통제와 착취의 대상으로 상품화하는 경향이 있다. 유전자 조작, 생명 연장, 자원 착취 등이 그러한 예다. 셋째, 그동안 정부가 수행해 왔던 공적 서비스의 거의 모든 영역을 시장자본주의가 차지하고 있는데, 여기에 기술이 더해

져서 그 지배력과 영향력을 더욱 강화하고 있는 것이다(Hardt & Negri, 2000).

강화된 자본주의의 생명정치학

로지 브라이도티(Rosi Braidotti)는 진보된 자본주의가 확장과 통제의 대상으로 삼은 분야를 세 갈래로 나눈다(Braidotti, 2016). 페이스북, 구글, 트위터로 대표되는 사회관계망 서비스 시장, 생명유전학, 생명과학, 생명정보학 등으로 대표되는 생명기술 서비스 시장, 그리고 물질계와 환경계를 아우르는 생태적 환경 시장이 그것이다. 이로써 진보된 자본주의는 전 지구적 차원에서 인간을 넘어 비-인간존재들을 모두 포함한 존재들과 자원들이 모두 소진될 때까지 "착취와 파괴의 행진"을 계속하게 되는 것이다(Braidotti, 2013).

사실 자본주의는 이미 오래전부터 생명정치학적 권력의 기재를 통해 생명을 철저히 투자의 대상으로 삼아 왔다(Foucault et al., 2008). 다만 최근의 21세기의 과학기술을 바탕으로 한 강화된 자본주의는 그 착취의 대상이 훨씬 확대되고 변형되어 갈 뿐이다. 그런 의미에서, 강화된 자본주의는 지구촌 경제의 주동력이 되어 궁극적으로 모든 생명 종을 시장의 원리에 굴복시키고 있고, 그

행태가 지구의 생물적, 물질적 환경 및 에너지의 지속가능성을 위협할 정도까지 지속되고 있다는 점에서 인간중심주의의 연장선에 있다. 예를 들어 조제프아실 음벰베(Joseph-Achille Mbembe)는 강화된 자본주의가 생명의 통제에 대한 투자에만 그치는 것이 아니라 죽음의 실천에도 깊숙이 관여하고 있다고 주장한다(Mbembe, 2008). 즉, 생명에 대한 생명정치학적 통제는 신체적 한계의 확장과 개선, 질병과 노화의 관리 등을 통해 생명력을 생성해 내기도 하지만, 동시에 '인간성'의 죽음이나 타자화된 종들의 멸종을 촉발하기도 한다. 그는 이를 진보된 자본주의에 의한 '죽음의 정치학(necropolitics)'이라고 부르며, 이 죽음의 정치학이 후기인간중심주의의 패러다임 속에서 매우 (비)인간적으로 생명의 통제와 동시에 죽음의 실천들에도 투자하고 있다고 비판했다.

이러한 상황에서 포스트휴먼적 존재들은 겉으로는 인간중심주의를 탈피한 것처럼 보이지만, 실제로는 생명까지도 교역의 대상으로 삼는 시장의 힘에 기꺼이 굴복하는 모습을 보여 왔다. 여기서 포스트휴먼적 존재로서의 인간은, 강화된 자본주의를 순순히 받아들일 수도 마냥 거부할 수도 없는 딜레마에 처해 있는 것이다. 브라이도티는 포스트휴먼 시대에는 과학적 및 기술적 생산물들이 점점 더 진보된 자본주의에 협력하게 되고, 이것이 인간과 비인간의 조합(assemblage)의 방식으로 실현될 것임을 확신하고 있다(Braidotti, 2013). 이로써 포스트휴먼의 존재/주체성의 불가피한 변화가 일어나고, 이것이 인류의 존재 가치와 삶에 근본적인 변화를 가져올 수밖에 없는 것이다.

강화된 자본주의에 대한 비판

포스트휴먼적 여성주의 철학자인 브라이도티는 오늘날 극대화된 자본주의를 바탕으로 한 기술적 변화에 기반하여 인류와 자연 및 다른 생명체들과의 관계성이 근본적으로 변화하고 있다고 주장한다. 한마디로 인간의 욕망과 이기심, 인간중심주의적 사고들이 현대의 기술적 도구들의 힘과 어우러지면서 다른 비인간적 착취의 대상들－자연이나 동물, 사물, 신체－과 인간적 타자들 위에 군림하고 있는 것이다. 특히 포스트휴먼적 조건 속에서 인간과 비인간, 정신과 신체 및 물질들이 전례 없이 뒤섞이게 되었는데, 이를 브라이도티는 무엇보다도 "인간-기술의 상호작용의 성격이 젠더, 인종, 종들 사이의 경계선을 흐려 놓는 쪽으로 돌아섰다"고 주장하고 있다. 기술적 진보를 바탕으로 이러한 인간과 동물, 사물 들 간의 경계가 붕괴되는 가장 상징적인 현상들이 바로 노화나 죽음을 극복하려는 포스트휴먼적 욕망이다. 이제 인류는 각종 생명 공학적 기술들과 자본의 힘을 바탕으로 삶과 죽음을 구분하는 '신의 영역'마저도 넘어서기 위해 노력하고 있고, 이러한 기술적 노하우는 인간 세상뿐만 아니라 모든 자연계를 지배하고 통제하는 권력이 되고 있다. 브라이도티는 이를 "삶과 죽음의 정치학"이라고 표현하고 있는데(Braidotti, 2013, 2016), 이에 대해 하나씩 살펴보기로 하자.

첫째, 브라이도티는 "포스트휴먼적 조건들이 인간에 대한 전통적 이해에 변화를 초래하고 있으며, 비인간적이고 비인도적인 실천이 무엇인가에 대한 관점들과 비인간적 존재들의 지위에도 근본적인 변화를 만들어 내고 있다"고 주장한다. 오늘날의 포스트휴먼적 조건들 속에서 이루어지는 생명정치(biopolitics)는 인간뿐 아니라 동물과 식물을 포함한 모든 비인간적 존재를 생명 정보의 운반자로 축소시키고 나아가 그것을 상품화한다. 과거에는 광기, 젊음, 여성, 유랑자, 일탈자를 통제하는 것이 사회적 규범의 주된 목적이었다면, 최근에는 '인간-아닌 것', 비유기적인 것, 비활성적인 것을 모두 포괄한, 소위 '자연 세계들'을 지배하는 것이 목적이 되었다.

둘째, 오늘날 드론이나 인공지능을 갖춘 군사용 전투 로봇 같은 '무인 무기들'과 '군인 없는 전쟁'의 등장은 새로운 형태의 비인간성을 양산함으로써 또 다른 죽음의 정치를 실천하고 있다고 본다. 우리는 이미 군사정보센터에서 통합적으로 통제되면서 작동되는 기술과 도구에 기반한 대학살의 시대와 세계 도처에서 반테러리즘이나 국가 안보, 보안 등의 이름으로 횡행되고 있는 다양한 "죽음 세계들" 속에서 살아가고 있는 것이다.

셋째, 이에 대해 브라이도티는 포스트휴먼 조건이 배태하는 죽음의 정치학에 대항할 수 있는 생기론적 유물론(vitalistic materialism)을 제안한다. 생기론적 유물론은 스피노자의 일원론적 철학과 근본적 내재성에 기반한 신물질주의(new materialism)로서, 포스트휴먼적 조건들이 양산해 내는 비인간적·비인도적 현상에 대항하기 위해서는 모든 사물들과 생명체들의 평등한 관계성을 중시하는 비인간중심적이고 수평적인 윤리관을 제시하고 있다(Gamble et al., 2019). 이러한 개념이 바로 조에적(zoetic) 일원론으로서 포스트휴먼적 생명정치학이다.

넷째, 브라이도티는 조에적 생명정치학을 설명하면서, 유한성의 철학은 생명의 한계 문제를 다루기엔 근시안적 방식이기 때문에 이를 대신해 "생명의 생성적인 과정이 죽음을 넘어서는 단계까지 고려하는" 포스트휴먼적 죽음의 윤리학에 대한 논의를 촉구한다. 이러한 포스트휴먼적 죽음의 정치학의 맥락 속에서 브라이도티는 죽어 가는 방식들에 대한 새로운 관점을 취할 수 있는 새로운 법의학적인 감수성을 요구하고 있는데, 이것이 죽음에 대한 생기론적이고 유물론적인 이해다. 이를 통해 생명과 죽음, 그리고 삶을 이해하는 긍정적인 포스트휴먼 윤리학을 정립하고자 했다.

다섯째, 긍정적인 포스트휴먼 윤리학이란 생명을 죽음의 지평 위에서 이해하는 방식을 넘어서는 것으로서, 이는 하이데거적 관점인 "죽음을 인간 의식을 규정하는 특징으로 신성화하는 유한성의 형이상학"에서 벗어나 "조에적 본성인 생명의 생산적인 특성을 강조"하는 것이다. 즉 삶을 '죽기 전의 상태'로 간주하는 것이 아니라, 생명의 끊임없는 연장의 가능성을 인정하는 것이다.

여섯째, 생기론적 관점에서 '생명'은 '우주적 에너지'이며 '텅 빈 카오스'이면서 동시에 '절대 속도', 즉 운동이다. 그러한 에너지는 그동안 인본주의적 관점에서 괴물적이고 동물적인 본성으로 근본적으로 타자화되어 왔다. 포스트휴먼 생기론적 유물론의 기반이 되는 이 에너지는 모든 힘을 지닌 조에로서 삶과 죽음 사이의 경계를 흔들고 있다. '생명', 즉 조에는 죽음마저도 흡수하는 자기 영속을 본질적 목적으로 하고 있기 때문에, 삶과 죽음은 조에적 에너지의 흐름 속에서 창조적으로 생성되고 영속화된다.

브라이도티는 이러한 생명, 삶, 죽음의 윤리학을 정립하는 원천으로 들뢰즈의 사건 철학을 원용한다. 들뢰즈는 죽음을 '인격적 죽음'과 '비인격적 죽음'을 구분하면서, 개별적 인간들은 '인격적 죽음'에 당면하지만, 개개인 안의 비인간적 속성들은 개별 인간의 죽음을 넘어 우주적 생명 안에서 해방될 수 있다고 본다. 이것이 생기론적 죽음의 개념인데, 포스트휴먼적 죽음은 포스트휴먼적 주체들의 '지각 불가능하게-되기'일 뿐이고, 이때의 죽음은 욕망(에너지)의 끊김이 아니라 풍요로움과 넘쳐흐름이며, '되기(becoming)'의 순환들의 일부다.

일곱째, 브라이도티는 위와 같은 조에적 생명정치학을 바탕으로 오늘날 강화된 자본주의가 유전자 기술의 발달을 기반으로 생명에 대한 유전공학적 기술을 통해 세계를 통제하려는 시도에 저항하고자 한다. 오늘날 멸종 위기 동물들에 대한 자본주의적 거래, 전 지구적 성매매로 인한 여성들의 상품화, 유전자 조작 태아(designer baby)의 창조 산업과 유전자 거래, 물건처럼 생산되고 거래되는 보철(prosthetic) 신체들이 일상화되는 현실이 어떤 의미가 있는지를 비판적으로 사유하고자 한다. 즉, 브라이도티는 세속적, 비본질주의적, 생기적 유물론을 통해 인간 주체들 안의 생성적인 비인간성을 긍정함으로써 포스트휴먼적 죽음에 대한 창조적인 대안을 탐색하고자 한다.

정리하자면, 하이데거(M. Heidegger)는 인간만이 '죽을' 운명의 존재자이고, 다른 것들은 모두 소멸할 뿐이라고 말한 바 있다. 인간은 죽음을 맞이하는 존재이기 때문에 비로소 자신이 되고 본래적으로 '존재'의 의미를 획득하게 된다는 것이다. 하지만 이러한 죽음이 있기에 삶의 의미를 탐색할 수 있는 유한한 존재로서의 인간에 대한 이해도 포스트휴머니즘의 조건 앞에서 다른 해석을 필요로 하게 되었다. 비판적 포스트휴머니즘은 죽음과 삶의 경계나 나와 너의 구분도 인본주의적 관념임을 지적하고, 인간과 다른 비인간적 존재들(동물 및 AI)의 관계성이 끊임없이 '함께 되어 가는' 존재라는 것을 강조하고자 하는 것이다.

참고문헌

Braidotti, R.(2013). Posthuman humanities. *European*

Educational Research Journal, 12(1), pp.1-19.

Braidotti, R.(2016). Posthuman critical theory. In Banerji, D. & Paranjape, M. R.(Eds.), *Critical posthumanism and planetary futures*, pp.13-32. Springer.

Foucault, M., et al.(2008). *The birth of biopolitics: lectures at the College de France, 1978-1979.* Springer.

Gamble, C. N., et al.(2019). What is new materialism?. *Angelaki, 24*(6), pp.111-134.

Hardt, M., & Negri, A.(2000). *Empire.* Cambridge, MA: Harvard University Press.

Mbembe, J.-A.(2008). Passages to freedom: The politics of racial reconciliation in South Africa. *Public Culture, 20*(1), pp.5-18.

Mbembe, J.-A.(2020). *Necropolitics.* Duke University Press.

Moulier-Boutang, Y.(2011). *Cognitive capitalism.* Polity.

07
AI의 주체성, 자율성, 능동성

AI가 주체성, 자율성, 능동성을 가지게 됨에 따라 인간과 AI의 차이는 무엇이며, 인간 수준의 AI가 등장함에 따라 예술, 정서, 창의성의 문제를 어떻게 다룰 수 있는지 논의한다.

AI와 윤동주?

인간 범주의 확장과 포스트휴먼적 존재의 등장

포스트휴머니즘은 기존 인본주의(Humanism)가 인류 중심주의에 뿌리 깊게 정초하고 있다고 비판한다. 인간은 고대 그리스 시대에는 유일한 정치적 동물(political animal)로 여겨졌고, 중세 이후 르네상스 시기까지 인간성(the humanities)이란 개념은 오로지 특정 자격 조건을 가진 집단이나 계급에게만 사용되는 개념이었다. 17세기 후반 이성을 중심으로 한 근대적 계몽주의 사상이 등장하면서부터 인류 문명을 주도했던 유럽의 지식인들은 인간을 '이성을 가진 유일한 존재'로서 동물적 존재들과 완전히 선을 긋기 시작했고, 19세기에 들어서면서 인본주의는 보다 보편적 개념으로 모든 인류 집단에게 요구되는 하나의 이념적 목표로 자리잡게 되었다(Davies, 2008).

아울러 인본주의는 지금까지 인류 집단의 공통적이고 보편적인 윤리 기준이자 다른 그 어떤 이념들(민주주의, 평등주의, 자유주의, 생태주의 등)보다도 가장 큰 영향력을 가지고 학교 교육의 이념이나 궁극적인 교육 목표로 여겨져 왔다. 하지만 '이성을 갖추고 교육받은 존재'란 의미의 인간관은 인류의 오랜 역사 동안 여성, 흑인, 노예, 피식민지 원주민들을 타자화하는 인식의 틀로 사용됨으로써, 온갖 인간 불평등성의 근거로 활용되어 왔다(Snaza et al., 2014). 요컨대 휴머니즘이란 개념은 오랜 인류 역사 동안 모든 인류의 보편적 특성이 아니라 소수의 선택적 인간들이나 '교육받은 유럽계의 백인 남성 귀족들'로 대표되는 특정 집단만이 전유하는 배타적 특성으로 인식되어 왔다는 것이다(Wolfe, 2010).

그렇다면 포스트휴먼의 존재론적 범주는 어떻게 확장될 수 있는가? 우선 모든 현생 인류를 지칭하는 용어는 생물학적으로는 호모 사피엔스(Homo Sapiens)이지만, 인간의 지위(the humanness)는 그 어떤 생태적, 기술적 존재에게도 부여될 수 있다. 예를 들어 최근 인간과 동물, 그리고 자연계에 대한 학계의 이해가 변화하면서 많은 인지과학자들 및 신경생리학자들은 점차 동물도 '인간(human-beings)'으로 간주될 수 있다는 주장을 펼치고 있고(Grimm, 2014), 실제로 미국의 유인원 연구소에서 오랫동안 관찰되어 왔던 여성 오랑우탄이 미국 법원에 의해 최초로 인간으로 판정받기도 했다(David, 2021). 최근 심리학, 언어학, 생리학, 생물학, 물리학 등의 새로운 이론들과 관점들은 인간과 동물이 어떤 근본적인 차이점을 갖는다기보다는 단순한 진화론적 시차나 상당 수준의 지능 차이를 가질 뿐이라는 것으로 의견이 모아지고 있다(Dukas, 2004). 즉, 현생 인류(Homo Sapiens)는 지구생태계의 진화적 연속선상에서 가장 앞서 있는 존재일 뿐이기 때문에, 시간과 조건이 변하면 현생 인류가 독점했던 인간성의 개념은 다른 포스트휴먼적 존재들에게도 확장될 수 있다는 것이다.

그에 따라 최근에는 AI에게도 인간성을 부여할 것인가의 문제가 학계와 기술계의 큰 관심사와 논쟁거리가 되고 있다(Maclure & Russell, 2021; Nourbakhsh & Keating, 2020). AI가 '인간'과 유사한 존재가 될 수 있을 것인가의 문제는 1980년대부터 인지과학의 영역에서 주된 논쟁거리였고, AI에게 사고력, 자유의지, 정체성, 주체성 등이 있는가라는 질문과 더불어 AI에게 인간 수준의 인격이나 인권을 부여할 수 있는가의 문제는 지난 40여 년간 인지과학과 철학의 핵심 논제였다(Minsky, 1982; Searle, 1980). 최근에는 트랜스휴머니스트들을 중심으로 인류의 진화가 현생 인류로 완성된 것이 아니라 아직 진화의 연속선상에 있으며, 향후 기술적 문명의 지속적인 발달은 새로운 인류를 낳을 수 있다는 주장도 등장한다(Bostrom, 2003). AI도 이러한 포스트휴먼적 존재의 하나로 신체적 능력뿐만 아니라 지능을 포함한 정신적 능력도 현생 인류보다 훨씬 뛰어난 존재가 될 수 있다는 것이다. 만일 그렇다면 AI에게 자율성, 능동성을 갖는 것은 그리 어려운 일이 아닐 테고, 실제 성능 면에서 그러한 AI 출현이 이미 현실화되었다.

포스트휴먼적 주체로서의 AI

과연 AI가 포스트휴먼 사회에서 독립적인 행위 주체로 간주될 수 있을까?

우선 주체성(subjectivity)은 자유롭고 개별적이며 평등한 인간 존재의 특징에 대한 관념으로, 오늘날 시민권, 주권, 인권, 소비자 권리 등의 다양한 권리 관념들 속에는 이러한 개인주의적 주체성 개념이 뿌리내리고 있다(Chambers, 2013). 하지만 포스트휴머니즘은 '개별적 주체'의 관념을 포기하고(Haney, 2006), 각 존재들은 자신이 처한 환경 속에서 주변의 존재들과 밀접한 관계를 맺으며 살아가는 존재로 여긴다(Braidotti, 2013). 따라서 포스트휴먼적 주체성은 인간, 동식물, 사물을 모두 포함한 네트워크적 관계 속에서 각자의 역할을 수행하는 동력 차원의 상내석이고 복합적이며 상호의존적인 주체성이다.

자율성(freedom)도 그동안 인간의 보편적 권리로서 자신의 존재 의미나 생명의 가치에 대해 스스로 규정할 수 있는 권리로서 여겨졌다. 하지만 포스트휴먼적 자율성은 세상의 수많은 다양한 존재들이 상호의존적 관계성을 형성하고 유지하기 위한 역동성으로 본다(Latour, 1996). 따라서 그러한 관계망 속에서 각자의 역할과 기능을 수행하는 모든 존재들(동물이나 기계, 사물, 그리고 사이보그나 인공지능)은 능동성과 자율성을 갖고 있고 (Plumwood, 2001), 그것이 바로 포스트휴머니즘이 강조하는 물질적 능동성(material agency)이다(Knappett & Malafouris, 2008).

AI가 능동성을 가질 수 있다는 것은 이미 사고(연산과 추론) 능력을 가진 생성형 인공지능의 출현을 기반으로 한 자율적(autonomous AI)나 자율주행차 등의 등장으로 현실화되고 있다. 사실 이미 인간 신체 및 정신의 확장 (prosthesis)을 통해 인간을 모사해 인지 및 행동 기능을 수행하는 존재로서 사고하거나 감정을 표현하고, 타인과 의사소통하거나 상호작용하는 모든 방식에서 인간과 유사하게 행동할 수 있는 사이보그적 존재들(안드로이드 및 휴머노이드)이 등장한 지 오래다(Clark, 2003). 특히 최근 가상현실 속에서는 이러한 존재들이 소셜 네트워크, 가상현실, 온라인 커뮤니티 등에서 아바타(avatar)를 매개로 인간의 정체성을 일정 부분 대신하고 있다.

표 7-1. 휴머니즘과 포스트휴머니즘의 주체성과 자율성 비교

구분	휴머니즘	포스트휴머니즘
존재론	오직 인간만이 평등성, 존엄적 가치, 자유의지를 갖는 독립적이고 이성적 존재	모든 존재들은 인간-비인간 혹은 정신-물질의 구별 없이 복잡한 관계망 속에서 상호의존적으로 사는 존재
주체성	개인적, 독립적, 자유주의적	상대적, 복합적, 의존적
자의식	사회문화적인 영향을 받아 형성되고, 혼성적, 유동적, 회고적 성격을 지님	생물학적, 기계적 요소들이 집단적으로 아상블라주된 역동적 정서적 에너지의 장
자율성	능동성, 자유의지, 주체성을 지닌 유일한 존재/ 인간 보편적 권리	인공지능의 자의식 생성 가정/ 인간 이외 사물의 자율성

요컨대 포스트휴먼적 존재로서 AI가 주체성, 자율성, 능동성을 갖는가는 표 7-1과 같이 더 이상 기존 인본주의적 관점만으로 판단할 수 없는 기술적 환경이 펼쳐지고 있다.

따라서 AI의 인간적 특성에 대한 논의는 그들의 판단과 행위에 대한 법적 책임과 윤리적 의무의 문제로 다루는 것이 필요할 것이다.

인간의 존엄성 대 포스트휴먼의 존엄성

마지막으로 포스트휴먼적 존재에게도 존엄성이 있는가?

그리고 그러한 존엄성은 인간의 존엄성과 어떤 차이가 있는가? 인간의 존엄성은 도덕적 지위로서의 존엄성(최소한의 존중을 받을 수 있는 양도 불가능한 권리)과 가치 있고 고결한 자질로서의 존엄성(가치로움, 고귀함, 탁월성 등)의 두 가지 차원에서 논의될 수 있다. 위 두 가지 존엄성이 인간의 존엄성의 기준이라면 포스트휴먼도 존엄성을 가질 수 있다.

우선 첫 번째 존엄성의 문제에 대해 프랜시스 후쿠야마는 존엄성을 인간 외의 존재에게도 부여하는 것은 큰 위험을 초래할 수 있다고 경고하는 반면, 포스트휴머니스트들은 자연 세계의 모든 존재들을 제외하고 인간 존재에게만 존엄성을 부여하는 일이 더 큰 위험을 초래하고 있다고 주장한다. 예를 들어 후쿠야마는 능력이 증강된 포스트휴먼적 존재에게 존엄성을 부여하는 것은 능력이 제한된 인간 존재(유아, 정신 및 지체장애인, 혹은 보통 사람들)의 도덕적 지위를 잃게 할 위험이 있다고 본다. 반면 포스트휴머니스트들은 비인간적 존재에게도 존엄성을 부여하는 것은 어떠한 존재적 상태(남성이든 여성이든, 흑인이든 백인이든, 살이든 실리콘이든)와도 상관없이 모든 존재에게 적절한 도덕적 인식과 법적 권리를 부여해 보다 포괄적인 사회 구조를 만들 수 있는 기본 조건이 된다고 본다.

다음으로 두 번째 존엄성을 놓고 볼 때, 포스트휴머니스트들은 인간들 사이의 존엄성의 정도가 개인마다 모두 다르다고 본다. 다른 사람들보다 도덕적, 인성적 자질이 훨씬 뛰어난 사람도 있고, 또는 매우 잔인하고 이기적인 사람들도 있다. 포스트휴먼도 이러한 도덕적 존엄성을 가질 수 있고, 어쩌면 인간들보다 더 높은 수준의 도덕성과 품격을 얻을 수 있다. 물론 타락한 포스트휴먼으로 변신하는 사람들도 있을 수 있지만, 그러한 경우를 대비해서 교육, 격려, 설득, 사회적 협의, 문화 개혁 등을 활용하면 되는 것이다. 그러므로 도덕적 타락을 우려하거나, 후손의 선택권을 위해 포스트휴먼적 미래를 거부하는 것은 합리적인 의사 결정이 아닌 것이다.

그렇다면 포스트휴먼적 존엄성이란 무엇인가? 포스트휴먼적 존엄성은 존재의 물질적 조건에서 나오는 것이 아니라 (인간적 및 비인간적) 존재와 기술, 그리고 사회적 맥락의 관계성에 기반하고 있다. 유전적으로 개량된 미래의 포스트휴먼적 존재(인간의 변형체나 인간-기계의 혼성체)가 등장했을 때, 그 존재들의 존엄성을 판단하는 기준은 오늘날의 기준과는 달라질 수 있다. 원시시대 수렵채집인의 눈에 현대인들이 '포스트휴먼'으로 보이는 것처럼, 우리의 현재의 관점으로 미래의 존재가 포스트휴먼으로 분류될 뿐이다. 원시인에 비교해서 현대인이 비교할 수 없을 만큼 생물학적으로 혹은 보조적으로(prosthetic) 능력이 증강되었지만, 그것이 오늘날 인간들의 도덕적 지위를 박탈하거나 인간성의 완전 말살을 가져오지는 않았다는 점을 주목할 필요가 있다. 머지않은 미래에 포스트휴먼적 존재(AI를 포함)가 등장하더라도, 그 자체가 존엄성 상실을 가져온다고 단정할 근거가 부족한 것이다.

한스 요나스(Hans Jonas)는 미래의 후손이 현재 우리가 시도하는 인간 능력의 확장에 대해 선택권이 없이 노출될 수 있다고 우려한 바 있다. 하지만 후손들이 덜 발달된 능력과 환경에 처하는 것을 선호할 수 있다고 생각한다면, 인류는 그냥 원시 상태로 머물러 있는 것이 나았을 것이다. 유전자 변형을 통한 인간 개조가 후손들로 하여금 자신의 삶에 대한 선택권을 앗아가는 것이라고 여기는 것은 단편적인 사고일 뿐이다. 오늘날 인류가 우연에 의해 만들어진 자신들의 유전자가 제공한 삶 속에서 선택을 하면서 살아가는 것처럼, 유전자 조작에 의해 태어난 후손들도 자신들이 갖고 태어난 유전자에서 출발해 자신만의 선택을 하며 살아가게 될 것이다. 그런데 만일 후손들이 훨씬 더 확장된 능력의 유전자 세트에서 출발한다면 그들은 우리보다 더 많은 선택과 자율성을 누릴 수도 있을 것이다.

참고문헌

Bostrom, N.(2003). Are we living in a computer simulation?. *The philosophical quarterly, 53*(211), pp.243-255.

Braidotti, R.(2013). Posthuman humanities. *European Educational Research Journal, 12*(1), pp.1-19.

Chambers, D.(2013). *Social media and personal relationships: Online intimacies and networked friendship*. Springer.

Clark, A.(2003). *Natural-born cyborgs: Minds, technologies, and the future of human intelligence*. Oxford University Press.

David, P. R.(2021). Notes on the case of orangutan Sandra, the non-human subject of rights. *Crime Prevention and Justice in 2030: The UN and the Universal Declaration of Human Rights*, pp.313-336.

Davies, P.(2008). *The last three minutes: Conjectures about the ultimate fate of the universe*. Basic Books.

Dukas, R.(2004). Evolutionary biology of animal cognition. *Annual Review of Ecology, Evolution, and Systematics, 35*(1), pp.347-374.

Grimm, D.(2014.4.8). Citizen Canine: Our evolving relationship with cats and dogs. Wired. https://www.wired.com/2014/04/citizen-canine-cats-dogs-personhood

Haney, W. S. II.(2006). *Cyberculture, cyborgs and science fiction:*

Consciousness and the posthuman. Rodopi.

Knappett, C., & Malafouris, L.(2008). *Material agency: Towards a non-anthropocentric approach.* NY: Springer.

Latour, B.(1996). On actor-network theory: A few clarifications. *Soziale welt*, pp.369-381.

Maclure, J., & Russell, S.(2021). AI for humanity: The global challenges. In *Reflections on Artificial Intelligence for Humanity*, pp.116-126. Cham: Springer International Publishing.

Minsky, M. L.(1982). Why people think computers can't. *AI magazine, 3*(4), pp.3-3.

Nourbakhsh, I. R., & Keating, J.(2020). *AI and Humanity.* MIT press.

Plumwood, V.(2001). Nature as Agency and the Prospects for a Progressive Naturalism. *Capitalism Nature Socialism, 12*(4), pp.3-32.

Searle, J. R.(1980). Minds, brains, and programs. *Behavioral and brain sciences, 3*(3), pp.417-424.

Snaza, N., et al.(2014). Toward a posthumanist education. *Journal of Curriculum Theorizing, 30*(2), pp.39-55.

Wolfe, C.(2010). *What is posthumanism?.* University of Minnesota Press.

08

AI 윤리의 토대와 방향: 비판적 포스트 휴머니즘

포스트휴먼적 존재들의 관계성과 윤리 문제에 대해 이야기한다.

AI와 한의학?

신물질주의(일원론)적 윤리관

신물질주의는 스피노자의 일원론적 관점을 바탕으로 인간-동물의 구별 없이 모든 존재의 사회적 관계, 인간-도구 간의 문화적 관계, 그리고 인간-만물 간의 자연적 관계를 설명하고자 하며(Barad, 2003), 그에 따라 자연계의 모든 사물에 능동성을 부여하려는 생기론(vitalism)적 철학이다(Connolly, 2013). 신물질주의는 자연, 인간, 기계(AI)가 서로 소통하거나 혼성화될 수 있다는 것을 전제로 하기 때문에, 생기론적 물질주의(vital materialism)나 생명정치학(biopolitics)과 같은 일원론적 철학 및 윤리학의 관점과 호응된다. 우선 생기론적 유물론이란 사물의 힘(thing-power), 즉 비인간적(non-human) 존재의 능동성에 바탕을 둔 물질주의로서 세상 만물의 존재적 의미와 역할을 인본주의적으로 해석하는 태도를 거부하는 관점이다(Grusin, 2015). 따라서 생기론적 물질주의는 인간을 초자연적 존재로 간주하는 인간예외주의(human exceptionalism)를 거부하고, 인간과 다른 모든 비인간적 존재들(생물계, 물질계, 기술계)의 상호 연관성과 공존성을 바탕으로 세상을 이해하고자 한다.

포스트휴머니즘 철학의 출발점이자 포스트휴먼 윤리관의 기초에는 생태페미니즘이 있다. 생태페미니즘은

표 8-1. 이성(정신)-자연성(물질)의 일원론적 연속성

이성 중심			자연성 중심		
과학주의 계량주의	근대성 합리주의	보편주의 구조주의	토속성, 지역성, 개별성, 일시성	자연성 감성, 신체	물질성 기계성
← 일원론적 통합 →					

이성(문명)-자연성, 남성-여성, 그리고 인간-비인간적 존재들 간의 이분법을 극복하고, 모든 존재가 평등하다는 관점을 지지한다(Haraway, 1985). 생태페미니즘이 이성(정신)과 자연성(물질)의 이분법적 구분이 아니라 모든 자연 만물은 존재론적으로 평등하다고 주장했듯이, 포스트휴머니즘의 이러한 수평적 관계성은 표 8-1과 같이 인간-기계의 관계성으로 확장한다.

생태페미니즘의 윤리적 가치는 생명 보존적 관점과 남성-여성, 인간-기계 간의 평등성을 강조하는 데 있다. 생명보존주의는 오늘날 첨단 과학에 의존한 인간의 기술적 변환이나 상상적인 포스트휴먼 비전을 추구하는 것은 결국 인간이 갖고 있는 생명에 기반한 존엄성을 침해해 비인간하를 초래할 것이라고 우려한다. 그런 점에서 생명보존주의자들은 인간의 한계성을 향상시키기 위한 기술의 적용이나 증강을 시도하는 트랜스휴머니즘에

반대한다. 대표적인 생명보존주의자들로는 레온 카스(Leon Kass), 프랜시스 후쿠야마(Francis Fukuyama), 조지 아나스(George Annas), 웨슬리 스미스(Wesley Smith), 제러미 리프킨(Jeremy Rifkin), 빌 맥키벤(Bill McKibben) 등이 있다. 그들은 인간의 증강 기술이 '비인간화'를 만들 수 있고, 인간의 존엄성을 훼손하거나 돈이나 효율성으로 환산하기 어려운 가치들을 손상할 수 있다는 것이다. 예를 들어 레온 카스는 불안은 종교적 의식처럼 은밀하게 인간성을 보존하는 역할을 하기 때문에 필요한 요소라고 보고, 불안을 기술이나 약물을 통해 인위적으로 제거하는 것은 바람직하지 않다고 본다.

관계주의적 윤리관

NBIC(Nano-Bio-Cogno-Info) 기술로 대표되는 첨단 지능정보 기술들이 보여 주듯이 포스트휴먼적 환경은 인간의 사고와 기계의 사고, 유기체와 무기체, 생물학과 공학, 현실과 가상성, 그리고 아날로그와 디지털의 경계가 무너지는 환경을 의미한다(Popovici, 2017). 이러한 포스트휴먼적 사회 속에서 발생하는 윤리 문제는 인간-동물-기계의 공진화, 환경적 및 기술적 상호 얽힘(entanglement), 그리고 그로 인한 다양한 존재들(인간,

동식물, AI)의 혼종성에 대한 이해를 기반으로 다루어질 필요가 있다(Barad, 2003).

객체지향존재론(object-oriented ontology)은 이러한 포스트휴머니즘의 관계론적 윤리관을 잘 설명한다. 인간, 동물, 유기체, 기계, 그리고 물질 및 사물들 간에 역할과 특성의 완벽한 구분이 존재하지 않고, 인간-사물의 주체-객체 상호호환성을 상정한다(Bogost, 2012). 1) 인간중심주의적 관념에서 벗어나서 세상 만물 간의 상호의존성을 자유롭게 부각시키고자 한다(Bogost, 2012), 2) 모든 사물은 비지역적, 시간적 및 공간적으로 산재되어 분포하고 그 존재의 방식이 점성적(viscous)이다. 그리고 3) 객체지향존재론은 대상의 감각적이고 실제적인 특질에 대한 심미적 이해에 집중하려는 존재론적 철학이다(Harman, 2018).

정리하자면, 객체지향존재론은 인간만이 이성적이고 독립적인 존재라는 관점에서 벗어나서, 세상 모든 사물들의 감각적이고 분산적이며(distributed) 관계적인 상호 얽힘에 기반해 세상을 이해하려는 관점이다. 예를 들어 인간이 자기 생각과 행동에 책임을 지듯이 AI도 자율적인 사고와 행위에 책임을 져야 하는데, 이러한 책무성이 매우 복잡한 관계적 연결망을 통해 해석되고 판단될 필요가 있는 것이다. 객체지향존재론은 1990년대 초반에 라투르(Latour, 1992)와 칼롱(Callon, 1990)에 의해 이론화된 행위자-망 이론(ANT, Actor-Network Theory)에 기초하고 있다. 행위자-망 이론은 인간의 주체성과 비인간(기술, 동식물, 건축물, 도구, 기계 등)의 객체성이라는 이분법적인 차별 없이 모든 존재가 행위자(actor)가 되어 상호 의존적 연결망 속에서 상호작용하고 있다는 이론이다. 따라서 행위자-망 이론은 인간의 사회적 행위나 상호작용이 비인간적 존재의 도움이나 개입 없이 이루어지는 것은 거의 불가능하고, 인간-비인간의 구별 없이 동등한 능동성을 가진 행위자들로서 네트워크적 상호작용을 이루고 있다고 본다. 즉 행위자-망 이론은 세상이 자연적인지 인공적인지에 관계없이 다양한 존재의 상호 의존적 협력망 속에서 작동하기 때문에, 모든 존재가 상호 연결되어 중요한 역할을 한다고 본다.

비대표성이론적 윤리관

비대표성이론(non-representative theory)은 '인간은 세상을 대표하지 않는다', '인간의 관점이 (세상의 모든) 실재를 재현할 수 없다'라는 신조를 갖는 탈인본주의적 윤리관이다(Thrift, 1996). 즉, 오직 인간의 관점(이성, 언어)으로 세상을 인식하고, 설명하고, 통제해 온 모든 행위에 대한 반성적 성찰을 바탕으로 대안적 윤리관을 탐색하려는 시도다. 비대표성이론의 윤리적 논점은 AI를 중심으로 한 기술 중심 사회가 인본주의적 가치나 윤리적 관점으로는 생태적 위기나 환경 문제를 극복하기 불가능하다는 입장을 취한다(Hultman & Lenz-Taguchi, 2010). 따라서 인간 외의 모든 생태적 및 기술적 존재들(AI)이 인간과 평등한 혹은 공동 주체가 되어 공존적 관계성을 형성해 나가는 것이다.

비대표성이론이 제시하는 주요 윤리적 관점들은 AI 윤리의 차원에서 다음과 같은 시사점을 갖는다(Thrift, 2008). 1) 다양한 사물들이 역동적인 공간 속에서 무의식적이면서도 지속적인 상호 관계를 형성하고 조우하는 주체화(subjectification)의 과정을 강조한다. 즉, AI도 사회적 구성원으로서 주체성을 가지고 인간과 지속적이고 상호 의존적인 관계를 형성할 수 있다는 것이다. 2) 비대표성이론은 인간의 신체는 세상으로부터 쉽게 분리할 수 없고, 세상과 끊임없이 상호작용함으로써 세상의 다양한 존재들과 물질적 관련성을 맺게 된다고 본다. 앞으로 등장하는 AI 기계들은 진화의 주체가 될 수 있고, 인간은 그러한 존재들과 상호 의존적 관계성을 형성하

표 8-2. 비판적 포스트휴머니즘의 AI 윤리 방향성

AI 윤리의 방향성	포스트휴먼 이론
생태적 존재, 인간, 기술적 존재들은 평등하게 상호 얽힌 공존적 관계성을 형성하고 있다.	생태페미니즘
AI는 단순한 도구가 아니고, 주체성과 자율성을 띤 존재다.	객체지향존재론
AI는 점점 강화된 역량을 가지고 개발되어, 인류 삶의 모든 방면에 적극적으로 개입할 것이다.	행위자-망이론
생태적 존재와 인간, 그리고 기술적 존재들(AI)이 상호 의존적 공존 관계를 맺기 위한 방향을 모색해야 한다.	비대표성이론

고 살아가야 한다는 것이다. 3) 인간이 다른 존재들(동물, 기계 등)과 관계성을 형성하고 상호 의존적으로 살아가는 모든 가능성에 대해 객관적이고 중립적으로 판단한다. 따라서 모든 존재가 한데 어우러져 상생의 방향으로 자연스럽게 나타나는 실천으로서의 윤리를 지향한다. 정리하자면, 비판적 포스트휴머니즘이 상정하는 AI 윤리의 방향성은 표 8-2와 같다.

비판적 AI윤리의 실천

위험과 기회의 두 가지 요소를 모두 갖춘 시대적 산물로서 AI 윤리의 실천을 위해 가장 중요한 것은 AI를 단순한 도구가 아니라 인간과 AI가 공존하게 될 미래의 중요한 역할을 수행하는 행위자로 보는 것이다. 이를 위한 AI 윤

리의 방향성은 다음과 같다.

첫째, AI 윤리는 AI 기술의 철학적 측면에 대한 탐구를 필요로 한다(Moor, 2006). 이는 AI 기술이 인간에게 미칠 수 있는 다양한 영향을 탐구하는 것에서 시작해(Cave & ÓhÉigeartaigh 2018), 인간과 AI가 공존하는 사회 속에서의 사회적 정의에 대한 논의를 포함할 필요가 있다(Buccella, 2023). 예를 들어, AI가 사회 정의에 미치는 영향은 AI 기술로 인한 사회적 불평등 문제와 더불어 AI가 사회에 미칠 수 있는 다양한 영향을 탐구하는 것이다(Eubanks, 2018). 이때 사회적 정의의 기준을 설정하거나 특정한 판단을 수행하는 소프트웨어나 알고리즘의 일부로 AI가 사용될 수 있고, 그 경우 AI의 행위자성과 자율성은 인간 사회의 윤리적 준거나 합의를 바탕으로 결정될 필요가 있을 것이다.

둘째, AI 기술이 인간에게 미칠 수 있는 잠재적 위험을 최소화하기 위해 설계하는 것이 중요하다. 이는 AI가 잘못 사용되거나 통제되지 않을 경우 발생할 수 있는 글로벌 수준의 재앙적 위험을 포함한다. 예를 들어 무인 항공기(UAVs)와 자율 무기 시스템(LAWS)의 남용은 인간 사회의 안정과 생명의 안보에 치명적인 위험을 끼칠 수 있다(Scharre, 2018). 이러한 무기 시스템에 쓰이는 행위자로서 AI의 자율성과 능동성에는 윤리적 차원에서 규제와 감독이 가장 우선적인 준거가 될 것이다.

셋째, AI가 인간의 기본권을 침해하지 않도록 하고, AI 기술이 신뢰 있게 사용되도록 보장하는 가이드라인이 필요하다(Tax et al., 2021). 그 일례가 바로 '신뢰할 만한 AI(Trustworthy AI)'를 위한 가이드라인으로서, 이 가이드라인의 가장 중요한 윤리적 준거는 AI 시스템의 투명성, 책임성, 안전성이다. 1) 투명성 차원에서 AI의 행위자성은 "블랙박스(Blackbox)" 문제에서 잘 드러난다. 예를 들어 의료 AI 시스템에서 질병 진단을 내릴 때, 그 과정이 어떻게 이루어졌는지를 설명하는 것은 환자의 몸 상태에 대한 이해와 의료진의 처치에 매우 중요하다. 이때 윤리적 측면을 고려한 AI의 행위자성이 바로 설명 가능한 AI(Explainable AI)의 도입이다. 즉, 복잡한 AI 시스템의 결정을 해석 가능하게 만들어, 사용자가 AI의 결정 과정을 이해할 수 있도록 함으로써 투명성을 높이는 것이다.

2) 책임성 차원에서 AI의 행위자성은 AI의 판단이나 행위의 책임 소재 여부에 대한 논의를 통해 다룰 수 있다. 대표적 예인 AI에 기반한 자율주행차가 사고를 유발했을 경우, 그 책임 소재를 명확히 하기 위한 법적 및 윤

리적 준거와 절차가 필요하다. 이를 위해 AI의 행동을 세밀하게 추적하고 분석할 수 있는 기술적 시스템을 마련하는 것과 더불어, 자율주행차의 소유자, 운전자, 판매자, 그리고 도로 시스템을 관할하는 정부 등을 포괄하는 교통 시스템의 다양한 행위자들의 법적 준거와 책임에 대한 논의가 필요할 것이다(Wachter et al., 2017).

3) 안전성 차원에서 AI의 행위자성은 AI가 안전하고(safe) 안정감 있게(secure) 작동하고 있는가의 문제와 관련된다. 그 대표적인 예가 자율 무기 시스템으로서, AI 기반 무기 시스템의 안정성은 인류 사회의 생명과 재산의 보호를 위해 필수적이다. 이 문제를 위해서는 AI 무기의 생산과 활용에 대한 엄격한 규정 수립과 국제적 합의가 필요하고, AI 무기 시스템의 가공할 만한 위험과 파급효과(부정적 행위자성)에 대한 이해가 필요할 것이다(Scharre, 2018).

문제는 AI 시스템이 인간의 가치와 목표에 부합하도록 설계되는 것이 복잡하고 어렵다는 것이다. 따라서 이 문제에 대한 접근법으로 우선적으로 인간 사회의 윤리적 문제나 딜레마를 명확히 규정하는 것과 인간과 AI의 관계성 및 역할 분담을 정립하는 것이 필요하다.

정리하자면, AI 기술의 발전은 인류의 미래에 큰 기회를 제공하면서도 그 위험성 또한 동반하고 있다. 인간과 AI의 공존을 위해서는 AI가 단순히 기술적 혁신의 도구에 그치지 않고, 윤리적이고 책임 있는 방식으로 개발되고 사용되는 것이 필수적이다. AI 윤리의 핵심 사항들 중 하나인 AI의 안전성과 정렬 문제는 기술적 도전만이 아니라 인간 가치와의 조화를 요구하는 복잡한 과제다. 따라서 AI 시스템이 인간의 가치에 부합하도록 설계되고, 그 위험성이 최소화될 수 있도록 지속적인 연구와 정책적 노력이 필요하다. 또한 그 과정에서 국가 간 협력과 국제적 규제가 핵심적인 역할을 하며, AI의 악의적 사용을 방지하고 사회적 불평등을 줄이기 위한 거버넌스 체계가 구축되어야 한다. 결국, AI 기술의 미래는 인간과 AI의 상호 보완적 역할 수행에 기반한 조화로운 공존 여부에 달려 있고, 그 핵심적 요소가 AI의 행위자성에 대한 올바른 인식일 것이다.

참고문헌

Barad, K.(2003). Posthumanist performativity: Toward an understanding of how matter comes to matter. *Signs: Journal of women in culture and society, 28*(3), 801-831.

Bogost, I.(2012). *Alien phenomenology, or what it's like to be a thing*. University of Minnesota Press.

Buccella, A.(2023). "AI for all" is a matter of social justice. *AI and Ethics, 3*(4), pp.1143–1152.

Callon, M.(1990). Techno–economic networks and irreversibility. In J. Law(Ed.), *A sociology of monsters: Essays on power, technology and domination*, pp.132–161. Routledge.

Cave, S., & ÓhÉigeartaigh, S. S.(2018.2). An AI race for strategic advantage: rhetoric and risks. In *Proceedings of the 2018 AAAI/ACM Conference on AI, Ethics, and Society*, pp.36–40.

Connolly, W. E.(2013). *The fragility of things: Self–organizing processes, neoliberal fantasies, and democratic activism.* Duke University Press.

Eubanks, V.(2018). *Automating inequality: How high–tech tools profile, police, and punish the poor.* St. Martin's Press.

Grusin, R.(2015). Systems and Things: On Vital Materialism and Object–Oriented Philosophy. In *The nonhuman turn*, pp.223–240. University of Minnesota Press.

Haraway, D.(1985). A Manifesto for Cyborgs: Science, Technology, and Socialist Feminism in the 1980s. *Socialist Review*, 80, pp.65–108.

Harman, G.(2018). *Object–oriented ontology: A new theory of everything.* Penguin UK.

Hultman, K., & Lenz–Taguchi, H.(2010). Challenging anthropocentric analysis of visual data: A relational materialist methodological approach to educational research. *International journal of qualitative studies in education, 23*(5), pp.525–542.

Latour, B.(1992). Where are the missing masses? The sociology of a few mundane artifacts. In W. E. Bijker & J. Law(Eds.),

Shaping technology/building society: Studies in sociotechnical change, pp.225-258. MIT Press.

Moor, J. H.(2006). The nature, importance, and difficulty of machine ethics. *IEEE Intelligent Systems, 21*(4), pp.18-21.

Popovici, F. G.(2017). The paradise Revealed: The promised land of technology in the posthuman era. *Literature, Discourses and the Power of Multicultural Dialogue, 5*(0), pp.370-375.

Scharre, P.(2018). *Army of none: Autonomous weapons and the future of war.* WW Norton.

Tax, I. D., et al.(2021). Human Rights Watch.

Thrift, N.(1996). *Spatial formations* (Vol. 42). Sage.

Thrift, N.(2008). *Non-representational theory: Space, politics, affect.* Routledge.

Thrift, N., & Amin, A.(2013). *Arts of the political: New openings for the left.* Duke University Press.

Wachter, S., et al.(2017). *Counterfactual explanations without opening the black box: Automated decisions and the GDPR.* Harv. JL & Tech., 31, 841.

09
비판적 포스트휴머니즘과 대안적 AI

비판적 포스트휴머니즘의 관점에서 미래의 AI는 어떤 특성과 역할을 할 필요가 있는지를 논의한다.

AI와 화장품?

비판적 포스트휴머니즘의 역할과 전망

진보된 자본주의의 동력과 기술지상주의의 이념에 의해 무기력하게 휩쓸리는 포스트휴머니즘이 아니라, 휴머니즘의 가치를 새롭게 재창조함으로써 기술 중심 시대의 도전을 극복하고 미래의 포스트휴먼적 삶을 준비해야 하는데, 이를 위한 대안적 접근들 중의 하나가 바로 비판적 포스트휴머니즘(critical posthumanism)이다. 이 비판적 포스트휴머니즘의 세 가지 핵심적 주제는 다음과 같다(Herbrechter, 2013).

첫째, 포스트휴먼이 된다는 것은 인간 조건으로부터의 해방적인 성격도 있지만, 동시에 '인간됨'으로의 복귀를 원하는 회귀적인 성격도 지닐 수 있다(Haraway, 2000). 그러한 맥락에서, 사이버네틱스를 기반으로 신체를 디지털화해 몸-마음의 구분을 완전히 없애는 것은 트랜스휴먼적 환상에 불과하며 그것이 어떤 의미를 가질지에 대해 고민해야 한다는 지적도 있다(Hayles, 2008). 결국, 포스트휴먼이 완전히 '인간성'에서 벗어나는 것을 의미하는 것이 아니기 때문에, 탈인간중심주의를 중심으로 생태계 속에서 인간과 비인간적 타자들의 존재론적 의미에 대한 재고찰이 필요하다는 것이다(Wolfe, 2010).

둘째는 미셸 푸코, 롤랑 바르트, 자크 라캉, 장프랑수

아 리오타르, 자크 데리다와 같은 후기 구조주의자들에 의한 휴머니즘 해체 담론들이다. 이 담론들은 포스트휴머니즘에 대한 비판적 재읽기를 통해 반휴머니즘(antihumanism)적 담론을 주도하면서, 지속적인 휴머니즘의 해체를 주장한다(Badmington, 2000). 예를 들어, 들뢰즈의 '타자-되기'(becoming-other)의 개념을 통한 접근은 인간예외주의에서 벗어나서 지구 생태계나 동물계에 대한 인정을 바탕으로 변혁적인 휴머니즘을 간학문적 방법(즉, 기존 철학이나 인문학적 관점을 넘어서 생물학, 전산학 등의 자연과학적 접근과의 통섭)으로 추구해야 한다는 것이다(Herbrechter, 2013).

셋째는 기술중심적 포스트휴머니즘에 대한 비판이다. 허브레흐터(Herbrechter, 2009, 2013)는 사이보그적 존재의 의미와 기술의 역할에 대한 비판적 성찰을 바탕으로, 기술적 보형물에 의해 인간이 된다는 것은 자아와 환경, 인간과 인공물, 유기체와 기계, 그리고 원본과 복사본의 경계를 모호하게 함으로써 그 '존재성'의 상실과 의미의 상실로 귀결된다고 주장했다. 따라서 이 관점은 기술 중심적 결정론에 저항함으로써 기술에 의존하지 않는 포스트휴머니즘이 필요하다고 강조한다.

위 세 가지 입장을 정리하면, 비판적 포스트휴머니즘

은 '인간성'에 대한 기대를 완전히 저버리는 것이 아니라, 인간'중심'주의에서 벗어나서 기술중심주의에 의존하지 않으면서, 인간을 생태적 관점(자연계의 비인간적 존재들과 공존)에서 재해석하려는 노력이라고 볼 수 있다. 이러한 맥락에서 브라이도티(Braidotti, 2011, 2013)는 포스트휴머니즘의 미래를 위한 세 가지 핵심 요소로서, 1) 새로운 주관성(subjectivities)이 등장하여, 2) 포스트휴먼적 윤리를 포용하고, 3) 긍정적인 포스트휴먼 정치학(affirmative politics)을 건설해야 한다고 강조했다. 여기서 브라이도티가 언급한 "긍정의 힘(Powers of Affirmation: Braidotti, 2011, p.267)"은 희망의 지평을 제시함과 동시에 비판적 관점을 통해 현재에 저항함으로써 지속 가능한 대안을 창조하려는 노력인 것이다.

결국 비판적 포스트휴머니즘은 자연과 생명, 기술과 도구, 인간과 사회의 혼성적 아상블라주(assemblage)만이 지구 생태계가 겪고 있는 기후 변화, 종의 멸종, 천연자원의 고갈, 전 지구적 이주, 그리고 사회적 부정의와 같이 복잡하게 얽혀 있는 문제들에 대한 해결책을 제시할 수 있다고 본다.

새로운 인간관의 등장

인간이란 무엇인가에 대한 질문에 대한 대답도 여전히 열려 있는 상태다. 최근의 연구 결과들은 우리가 인간의 속성이라고 여기는 자유나 생각과 판단을 수행하는 의지 같은 것도 인간이 통제할 수 없는 무의식적인 과정의 속성을 가졌다는 사실을 보여 주기도 한다(Soon et al., 2008). 우리가 인간성을 어떤 특정한 사물이나 과정으로 이해한다면, 인간이란 무엇인지에 대해 오해를 낳을 수 있다. 인간 존재의 핵심이 두뇌 '안에' 들어 있거나 두뇌의 일부라고 여기는 것은 인간의 존재에 근본적인 부분이 되는 신체를 둘러싼 고도로 복잡하고 통합적인 과정의 광범위한 범위들을 간과하는 것이다. 인간의 삶은 광범위하게 분포된 영향력과 물질들(중력, 빛, 공기, 습기, 에너지 등)의 배열에 의해 이루어지고, 그 모든 존재들이 생명에 기여하게 된다. 페퍼렐과 야즈다니(Pepperell & Yazdani, 1995)는 이러한 확장되고 통합된 인간 존재로서의 관점을 포스트휴먼적 관점이라고 보고, 이를 인간을 독특하면서도 자연의 다른 존재들보다 우월한 존재로 간주하는 인본주의적 관점과 구별하고 있다.

트랜스휴머니스트와 같은 기술만능주의를 신봉하는 포스트휴먼주의자들은 미래의 기술 중심 세계를 오늘날 인류의 존재 방식에서 궁극적으로 벗어나는, '인간으로부터 자유로운' 세상으로 그리고 있다. 인류가 궁극적으로는 생물학적 존재에서 디지털적 존재로 바뀌거나, 인공지능 시스템이 결정적으로 문지방을 넘어서 인간에 대한 지배력을 갖게 되는 특이점에 언제쯤 도달하게 될지는 아무도 모른다. 하지만 페퍼렐은 "고도의 기술적 발달을 이룬 모든 생명체는 궁극적으로는 자신을 소멸시키게 된다"(Pepperell, 2016, p.331)는 우주론적 명제에 의미를 부여하고 있다. 즉, 미래의 인류가 오늘날의 인류와는 다른 모습을 띨 것이라는 것은 분명하므로, 미래의 인류는 더 이상 오늘날의 인류와는 비교하기 어려운 존재가 될 것이라고 보는 것이다.

인류의 미래가 어떻게 될지는 아무도 모른다. 트랜스휴머니즘은 인간의 기술적 개선을 통해 새로운 인간이 등장하고 AI를 십분 활용해 미래의 기술적 환경에서 과거와는 다르게 살아갈 것이라고 본다. 반면 비판적 포스트휴머니즘은 기술의 발전이 모든 인류를 위한 혜택이 될지, 소수의 계층이나 집단에게 독점되고 다수의 인류가 소외될지, 혹은 인류 전체가 AI의 지배를 받게 될지 장담할 수 없다고 본다. 특히 이러한 디스토피아적 미래는 AI가 악의적으로 사용될 경우 피하기 어려울 것이다.

AI의 악의적 사용에 대한 대비

현재 AI의 위험성과 윤리적 대비는 미래의 잠재적 재앙의 시나리오보다는 당장의 실질적 문제에 집중되어 있다. 즉, 인류의 미래를 걱정해야 한다면, 최근 등장한 AI보다 지금까지 인류 사회의 고질적 문제인 환경 파괴, 에너지 고갈, 부의 양극화, 계급 및 문화적 갈등, 폭력과 차별 등에 의해 문제가 발생할 가능성이 더 크다. 즉 악의 근원이 AI로 인해 새롭게 출현하는 것이 아니라, 인간의 탐욕과 불합리한 사회 구조에서 나올 수 있다는 것이다. 이처럼 AI 자체보다 인간의 관습과 행동, 그리고 갈등과 탐욕이 재앙적 미래의 더 큰 원인이라는 것은 분명하지만, 문제는 AI의 등장으로 그러한 위험성이 증폭될 수 있다는 점이다.

그렇다면 어떻게 AI가 악의적으로 활용되는 것을 막을 수 있을까? AI 기술은 그 잠재력만큼 큰 가능성과 위험성을 동시에 가지고 있다(Brundage et al., 2018). 그러므로 AI 기술의 사회적, 경제적, 인류사적 영향에 대한 연구와 국제적 협력을 필요로 하는데, AI 기술의 개발과 활용에 대한 인류 집단들 간의 이해관계와 기술적 역량에서 차이가 나기 때문에 그러한 협력과 공조가 사실상 쉽지 않다(Whittaker et al., 2018). 예를 들어, AI 기술에서 앞서 있는 기업(빅테크 기업)이나 국가(중국이나 미국)는 AI 기술을 활용한 다양한 이익과 지배력의 선점을 위해 노력할 것이고, 그렇지 못한 집단이나 국가(EU 및 기타 기술 추종국)는 이에 반대할 것이다. 지금까지의 국가 간 치열한 군사적, 경제적, 기술적 경쟁과 주도권 싸움은 AI 전쟁으로 그대로 이어지고 있다.

AI 정렬(Alignment) 문제의 어려움

AI 정렬이란 인공지능 시스템의 개발과 활용을 인간의 의도와 목표에 맞추어 실행하는 작업을 의미한다. AI의 정렬이 어려운 이유는 다음과 같은 이유에 기인한다. 첫째, AI 시스템이 더 복잡해질수록 그 행동을 예측하고 제어하는 것이 더욱 어려워진다. 특히, 고도의 자율성을 가진 AI 시스템은 의도치 않은 방식으로 행동할 수 있다(Amodei et al., 2016). 둘째, 인간의 목표와 가치를 명확히 정의하고 이를 AI 시스템에 정확히 반영하는 것이 어렵다. 인간의 가치와 윤리는 상황에 따라 달라질 수 있으며, 이를 AI가 정확히 이해하고 따르도록 만드는 것은 큰 과제다(Russell, 2019). 셋째, 작은 규모의 AI 시스템에서는 정렬이 잘 이루어질 수 있지만, 시스템이 커지고 더 복잡해질수록 정렬 유지가 어렵다. 대규모 AI 시스템에서 발생하는 예기치 않은 행동을 방지하는 것이 중요하다(Bostrom, 2014).

그럼에도 불구하고 AI 정렬을 위한 연구와 정책은 미래의 포스트휴먼 사회의 번영과 안정을 위해 불가피한 대비책이다. 특히 AI 정렬 연구는 다음과 같은 측면에서 안전하고 윤리적인 AI 시스템 개발을 위해 필수적이다. 첫째, AI 시스템이 예상치 못한 방식으로 행동해 위험을 초래하는 것을 방지하기 위해 정렬 연구가 필요하다. 안전하게 작동하는 AI 시스템은 인간의 목표와 가치에 맞추어 행동하도록 설계되어야 한다(Amodei et al., 2016). 둘째, 사용자와 사회가 AI 시스템을 신뢰할 수 있도록 정렬 연구는 필수적이다. AI 시스템이 일관되고 예측 가능한 방식으로 작동할 때, 그 신뢰성이 확보된다(Russell, 2019). 셋째, 정렬 연구는 AI 시스템이 사회에 미치는 부정적인 영향을 최소화하는 데 기여한다. AI 시스템이 편향되지 않고 공정하게 작동하도록 보장하는 것이 중요하다(Bostrom, 2014).

AI 시스템의 안전한 설계와 개발 방향

안전한 AI 시스템을 설계하고 개발하기 위해 다음과 같은 접근법이 필요하다. 첫째, AI 시스템의 설계와 작동

방식을 투명하게 공개하고, 이해관계자들이 이를 검토할 수 있도록 해야 한다. 투명성은 AI 시스템의 신뢰성을 높이는 데 중요하다(Doshi-Velez & Kim, 2017). 둘째, AI 시스템의 행동에 대한 책임을 명확히 정의하고, 잘못된 행동이 발생할 경우 이를 수정할 수 있는 메커니즘을 마련해야 한다. 셋째, AI 시스템을 다양한 시나리오에서 테스트해 예기치 않은 행동을 식별하고 수정할 수 있도록 해야 한다. 포괄적인 테스트는 시스템의 안정성을 높이는 데 기여한다(Amodei et al., 2016). 넷째, AI 시스템이 운영되는 동안 지속적으로 모니터링하고, 피드백을 받아 개선할 수 있는 구조를 만들어야 한다. AI 시스템은 지속적으로 학습하고 발전할 수 있어야 한다(Russell, 2019). 마지막으로, 정렬 문제를 해결하기 위해 학계, 산업계, 정부 등 다양한 이해관계자들이 협력해 연구를 진행해야 한다. 협력적 연구는 다양한 관점을 반영하고, 보다 효과적인 해결책을 찾는 데 도움이 된다(Bostrom, 2014).

잘 정렬된 AI 개발의 방향을 설정하는 것을 AI 거버넌스라고 부르는데, 이는 크게 네 가지로 나눈다. 1) AI 정책 가이드(국제적 협력과 표준화의 중요성, AI의 경제적, 사회적 영향 분석: OECD, 2019), 2) AI 규제 및 관리

(AI 기술의 국제적 협력 필요성과 정책적 대응 방안: Carnegie Endowment for International Peace, 2020), 3) AI와 국제 안보(AI 기술의 군사적 및 외교적 영향과 국제 규제: Council on Foreign Relations, 2020), 4) AI 안전 및 관리(AI 기술의 규제와 정책적 대응, 안전한 AI 개발을 위한 전략으로 AI의 사회적 영향 요인을 포함: Center for a New American Security, 2021)이 그것이다.

요컨대, AI의 급격한 발달로 인한 미래 시나리오가 부정적이고 파괴적인 모습으로 그려질 수도 있다. 예를 들어 AI 무기의 위협에 대한 규제와 대응은 인류 집단의 일부 혹은 전체의 파멸을 초래할 만큼 가공할 위험성을 띠고 있기 때문에, 이를 AI의 존재론적 위협(Existential Threats)이라고 부르기도 한다. 하지만, AI의 '오남용'이나 '인간 지배'와 같은 디스토피아적 미래가 단순히 AI의 등장이나 잘못된 사용에 기인하는 것이 아니라, 인류 사회의 고질적이고 본질적 문제점이 확장될 것일 수도 있다. 따라서 이러한 위험성을 극복하면서 발전적 미래를 대비하려면 단순히 '인간 사회에 맞추어 AI를 개발'하는 것이 아니라, 인간 사회의 기존 문제점들에 대한 근본적 해결이 동시에 이루어져야 한다는 것이다. 그런 의미에서 비판적 포스트휴머니즘은 미래 기술적 환경 속에서 인류의 특성과 역할이 무엇이며, 다른 생태적(자연물) 및 기술적(AI) 존재들과의 관계성을 어떻게 설정할 것인가에 대한 통찰력을 제시해 줄 것이다.

참고문헌

Amodei, D., et al.(2016). Concrete problems in AI safety. arXiv preprint arXiv:1606.06565.

Badmington, N.(2000). *Posthumanism.* Bloomsbury Publishing.

Bostrom, N.(2014). *Superintelligence: Paths, dangers, strategies.* Oxford University Press.

Braidotti, R.(2011). *Nomadic theory*(Vol. 287). New York: Columbia University Press.

Brundage, M., et al.(2018). The malicious use of artificial intelligence: Forecasting, prevention, and mitigation. arXiv preprint arXiv:1802.07228.

Carnegie Endowment for International Peace(2020). Artificial intelligence.

Center for a New American Security(2021). Artificial intelligence and global security.

Council on Foreign Relations(2020). Artificial intelligence (AI). https://www.cfr.org/artificial-intelligence-ai

Doshi-Velez, F., & Kim, B.(2017). Towards a rigorous science of interpretable machine learning. arXiv preprint arXiv:1702.08608.

Floridi, L., et al.(2018). AI4People—an ethical framework for a good AI society: opportunities, risks, principles, and recommendations. *Minds and machines*, 28, pp.689-707.

Herbrechter, S.(2013). *Posthumanism: A critical analysis.* A&C Black.

Human Rights Watch.(2021). AI and Human Rights. Retrieved from https://www.hrw.org

OECD(2019). *Artificial intelligence in society.* OECD Publishing.

Pepperell, R., & Yazdani, M.(1995). *The post-human condition.* Oxford: Intellect.

Russell, S.(2019). *Human compatible: AI and the problem of control.* Penguin Uk.

Soon, C. S., et al.(2008). Unconscious determinants of free decisions in the human brain. *Nature neuroscience, 11*(5), pp.543-545.

Whittaker, M., et al.(2018). *AI Now 2018 Report.* AI Now Institute.

Wolfe, C.(2010). *What is posthumanism?.* University of Minnesota Press.

10
인간-AI의 공존의 방향

비판적 포스트휴머니즘의 관점에서 미래 기술기반 사회에서 인간-AI의 공존의 방향이 무엇인지에 대한 통찰력을 제시한다.

종교와 AI?

포스트휴먼적 미래에 대한 다양한 전망

포스트휴먼적 미래에 대한 사람들의 기대는 일반적으로 인본주의의 중요성을 강조하는 회의론이나 비관론, 기술 유토피아를 선망하는 낙관론, 그리고 인간성과 기술성에 대한 중립적 태도로서 미래 사회의 전개 방식에 대해 개방적 해석을 시도하는 비판적 재고론이 있다. 여기서 회의론이란 '포스트휴먼 시대는 오지 않는다'[앨바 노에(Alva Noe)]라는 단순한 거부나 '포스트휴먼적 존재들은 결국 인간의 통제를 벗어나 인류의 생존에 위기를 야기할 것이다'[로저 펜로스(Roger Penrose), 휴버트 드레이퍼스(Hubert Dreyfus)]며 인본주의의 반성적 부활을 강조하는 네오휴머니즘의 관점을 말한다. 반면, '포스트휴먼은 인간의 진화 과정의 연속선상에 있고, 인류은 기술의 도움으로 발전할 것이다'[레이 커즈와일(Ray Kurzweil), 닉 보스트롬(Nick Bostrom)]라는 기술만능주의적 낙관론도 있고, '포스트휴먼적 존재의 등장은 과거의 인간중심주의의 문제점들로 인한 것이며, 기술과 공존할 수 있는 새로운 인간성 수립이 필요하다'라는 비판적 재고론이 있다.

이처럼 포스트휴먼적 미래에 대한 상이한 전망들이 혼재함에도 불구하고, 인정하지 않을 수 없는 분명한 사

표 10-1. 포스트휴먼의 시나리오에 따른 교육적 대응

관점	회의론	비관론	낙관론	비판적 재고론
주장	PH는 오지 않을 것이다.	PH는 인간(성)을 파괴할 것이다.	PH는 인류의 진화된 존재이다.	탈휴머니즘이 필요하며, PH의 도래는 필연적이다.
이론적 계보	휴머니즘	네오휴머니즘	트랜스휴머니즘	비판적 포스트휴머니즘
인간/기계 관계성	휴머니즘 보완과 역할 재구성	기계중심주의의 경계	기술을 활용한 인간 증진과 인류 사회의 개선	휴머니즘의 탈피와 인간-기계의 공존
교육의 방향	휴머니즘 교육의 강화	휴머니즘 교육의 반성적 재구성	탈휴머니즘 및 기술 친화적 교육	휴머니즘 반성과 기술 중심적 세계관의 수립
교육 전략	기계문명하의 생존 교육		인간과 기계의 공존 교육	

실은 인간과 도구는 불가분리적 관계를 맺으며 공진화해 왔으며, 최근 과학 문명의 발전으로 인간과 기계의 상호 의존적 공생 관계가 더욱 공고해지고 있다는 것이다(Norman, 2013). 이러한 다양한 포스트휴먼적 관점들에 따른 교육적 대응 방식은 표 10-1과 같이 정리할 수 있다.

비록 미래에 어떤 세계가 도래할지는 아무도 예측할 수 없지만, 기술 문명이 더욱 빠른 속도로 발전하고 인간의 삶 깊숙이 영향을 미치게 될 것이라는 사실은 그 누구도 부인할 수 없을 것이다. 이에 대한 교육적 대응도 기

술, 과학, 합리주의적 교육이 더 필요할 것이라는 입장(트랜스휴머니즘)도 있고, 그러한 기술적 변화의 시대에서 인간성을 회복하고 균형 잡힌 교육을 위해서 인문학과 예술 교육이 더욱 필요하다는 견해도 있다. 그렇다면 인간-AI의 공존은 어떻게 이루어질 것인가?

인간과 AI의 공존 가능성

인간과 AI의 공존의 방향성을 탐색하기 위해 고려해야 할 선행 문제들이 몇 가지 있다. 첫째, 인권 및 인간의 존엄성에 대한 문제다. AI에게 인간과 동일한 수준의 권리와 주체성을 부여하기 전에, 현 시점에서 보편적인 인권과 존엄성이 어떻게 지켜지거나 보장되고 있는지를 검토해 볼 필요가 있다. 그 다음에 AI 기술의 윤리적 사용과 AI가 인권을 침해하지 않도록 보장하기 위한 정책적 대응 등에 대한 논의가 필요할 것이다(Human Rights Watch, 2021).

둘째, 궁극적으로 AI가 인간에게 봉사하는 존재(도구)로 남을 것이냐, 인간과 공존하는 평등한 존재로 남을 것이냐의 문제를 다루는 일이다. AI를 인간을 위한 도구로 인식한다면, AI에 대한 포괄적 이해를 바탕으로 AI 기술의 윤리적, 사회적 영향과 인간 중심의 AI 개발의 필요성을 논의해야 한다(Cave & ÓhÉigeartaigh, 2018).

셋째, AI-인간이 공존하는 사회에 대한 논의다. 사회 정의에 대한 새로운 협의에서부터 시작해 AI 기술이 기존 인류 사회의 고질적 문제(사회적 불평등 및 갈등과 폭력)를 어떻게 해결할 수 있을까를 고민해야 한다(Eubanks, 2018). 인간-AI의 공존의 방향은 위와 같은 문제들에 대한 선제적 논의를 바탕으로 논의되어야 할 것이다.

인간과 AI의 공존의 방향

인간과 AI의 공존의 방향은 구체적으로 다음과 같이 논의할 수 있다.

1) AI 규제와 관리: AI의 규제와 관리에 대한 논의의 동향은 다음과 같다. 첫째, 국가별 규제 프레임워크다. 각국 정부는 AI 기술의 발전에 따른 위험을 관리하기 위해 다양한 규제 프레임워크를 마련하고 있다. 예를 들어 유럽 연합(EU)의 AI 법안(AI Act)은 AI 시스템의 위험 수준에 따라 규제를 다르게 적용하는 것을 목표로 하고 있다(European Commission, 2021). 미국은 국가 AI 이니셔티브(National AI Initiative)를 통해 AI 연구 및 개발, 안전 및 윤리 문제를 다루는 종합적인 정책을 추진하고 있다(U.S. Congress, 2021).

2) 자율 규제와 표준화: 기술 업계는 자율 규제와 표준화를 통해 AI 시스템의 안전성과 윤리성을 확보하려는 노력을 기울이고 있다. 주요 AI 기업들은 AI 윤리 강령을 채택하고, 내부적으로 윤리적 AI 개발을 위한 지침을 마련하고 있다(Jobin et al., 2019). 국제 표준화 기구(ISO)와 같은 단체들은 AI 기술의 국제 표준을 개발하고, 이를 통해 글로벌 AI 규제 프레임워크를 지원하고 있다(ISO, 2020).

3) AI 기술의 국제적 협력: AI 기술의 글로벌 특성과 그로 인한 위험을 관리하기 위해 국제적 협력이 필수적인데, 그 주요 동향은 다음과 같다. 첫째, 글로벌 규제 조화다. 국가 간 AI 규제의 일관성을 유지하기 위해 글로벌 규제 조화가 필요하다. 이는 국제 무역과 협력에 중요한 요소다. 주요 국가와 국제 기구들은 AI 규제 및 관리에 대한 공통의 원칙과 표준을 개발하고 있다. 예를 들어 OECD는 AI에 대한 원칙을 제시하며 회원국 간 규제 조화를 촉진하고 있다(OECD, 2019). 둘째, 국제 협력 플랫폼이다. AI 기술의 개발과 사용에서 국제 협력 플랫폼이 중요해지고 있다. 주요 AI 국가들은 국제 협력 기구를 통해 정보 교환과 공동 연구를 진행하고 있다. G20, 유엔, 세계경제포럼(WEF) 등 다양한 국제 기구들은 AI 규제

와 윤리에 대한 논의를 주도하며, 글로벌 협력의 장을 마련하고 있다.

4) 정책적 대응 방안: AI 기술의 규제와 관리, 국제적 협력을 촉진하기 위한 다양한 정책적 대응 방안이 필요한데, 그 주요 동향은 다음과 같다. 첫째, 투명성 및 설명 가능성이다. AI 시스템의 투명성과 설명 가능성을 강화하는 정책이 필요하다. 이는 AI 의사 결정 과정에 대한 이해를 높이고 책임성을 확보하는 데 중요하다. 규제 기관은 AI 시스템의 알고리즘과 데이터 사용에 대한 투명성을 요구하고, 설명 가능성 기준을 마련해야 한다 (Pasquale, 2015). 둘째, 책임성 및 윤리적 기준이다. AI 시스템의 책임성을 강화하고, 윤리적 기준을 준수하도록 하는 규제가 필요하다. 이는 AI의 오용을 방지하고, 사회적 신뢰를 확보하는 데 중요하다. 기업은 AI 시스템의 개발 및 운영에 대한 책임을 명확히 하고, 윤리적 가이드라인을 따를 수 있도록 내부 정책을 수립해야 한다 (Floridi et al., 2018). 셋째, 교육 및 역량 강화다. AI 기술에 대한 이해와 활용 능력을 높이기 위한 교육 및 역량 강화 프로그램이 필요하다. 이는 디지털 격차를 줄이고 AI 기술의 공정한 배분을 촉진하는 데 중요하다. 정부와 민간 부문은 협력해 AI 교육 프로그램을 개발하고, 다양

한 계층의 사람들이 AI 기술을 학습하고 활용할 수 있도록 지원해야 한다(van Dijk, 2020).

나가는 말

포스트휴머니즘은 휴머니즘과 반휴머니즘의 오랜 대립에 종지부를 찍을 수 있는 역사적 전환점을 제공해주었다(Braidotti, 2013). 그동안 휴머니즘은 인류를 이성을 지닌 유일한 존재임과 동시에 생명 진화의 최종점으로서 지구 생태계에 대한 지배와 독점에 대한 정당성을 부여하게 만들었다. 하지만 이러한 오만과 탐욕은 지구 생태계의 지속 불가능성이라는 결과를 낳았고, 이를 생태적 자정 작용이나 인간성의 회복으로 해결하기는 거의 불가능한 시점에 이르렀다. 분명한 것은 세상은 인류만의 것이 아니고, 인류 혼자서만 세상을 이끌어 갈 수도 없다는 점이다.

대신 인간과 기술의 공진화는 AI라는 거대한 기술적 집약체이자 미지의 가능성의 복합체를 탄생시켰고, 우리는 그 AI가 어떻게 작동하며 인간과 상호작용하게 될지를 조심스럽게 지켜보고 있다. 거대한 진화론적 흐름으로 볼 때, 인간이 AI를 창조했다는 생각도 인본주의적 착각과 오만적 태도에 불과할 수 있다. 인간이 생태계에 등장한 것이 거대한 우주사적 흐름 속에서 작은 사건에 불과하듯이, AI의 등장도 그러한 사건들 중 하나일 수 있다. 그렇다면 이제 인간의 AI의 관계성과 역할매김에 대한 새로운 관점과 실천적 태도가 필요하다. 이는 곧 인간과 다른 모든 비인간적 존재들은 지구 생태계의 공동 주인이자 공동 주체로서 상호 의존과 협력 속에 세상을 이끌어 가야 한다는 것이고, 그것을 위한 가장 기본적인 세계관이 바로 비판적 포스트휴머니즘인 것이다.

참고문헌

Braidotti, R.(2013). Posthuman humanities. *European Educational Research Journal, 12*(1), pp.1-19.

Cave, S., & ÓhÉigeartaigh, S. S.(2018.2). An AI race for strategic advantage: rhetoric and risks. In *Proceedings of the 2018 AAAI/ACM Conference on AI, Ethics, and Society*, pp.36-40.

Eubanks, V.(2018). *Automating inequality: How high-tech tools profile, police, and punish the poor.* St. Martin's Press.

European Commission.(2021). AI Ethics Guidelines for Trustworthy AI. Retrieved from https://ec.europa.eu

Floridi, L., et al.(2018). AI4People—An ethical framework for a good AI society: Opportunities, risks, principles, and recommendations. *Minds and Machines*, 28, pp.689-707.

Human Rights Watch & Harvard Law School International

Human Rights Clinic(2021.12.1). *Crunch time on killer robots: Why new law is needed and how it can be achieved.*
ISO(2020). ISO/IEC JTC 1/SC 42 Artificial intelligence. Retrieved from https://www.iso.org
Jobin, A., et al.(2019). The global landscape of AI ethics guidelines. *Nature machine intelligence, 1*(9), pp.389-399.
Norman, D. A.(2013). *The design of everyday things: Revised and expanded edition.* Basic Books.
OECD(2019). AI: A Guide to Policy. Retrieved from https://www.oecd.org
Pasquale, F.(2015). *The black box society: The secret algorithms that control money and information.* Harvard University Press.
U.S. Congress(2021). National Artificial Intelligence Initiative Act of 2020. In William M. (Mac) Thornberry National Defense Authorization Act for Fiscal Year 2021 (Public Law No. 116-283, Division E).
van Dijk, J. A. G. M. (2020). *The digital divide.* Polity Press.

박휴용

전북대학교 교육학과 교수다. 연세대학교 교육학과에서 학사 및 석사 학위를 받았고, 미국 위스콘신-메디슨대학교에서 박사 학위를 받았다. 성신여자대학교 교육학과 조교수를 거쳐 2011년부터 현재까지 전북대학교에서 학생들을 가르치고 있으며, 전북대학교 AI융합교육연구소장과 SSK 디지털기반교수학습연구(DiTeL) 연구책임자를 맡고 있다. 국무총리산하 국정평가 자문위원, 다문화교육학회 부회장 및 여러 학회 이사, 전북대학교 사범대 부학장을 역임했고, 행안부 지방자치인재개발원 자문위원, 학술진흥재단 전문평가위원 등을 맡고 있다. 주요 저서로 『융합지식과 융합교육과정』(2018), 『포스트휴머니즘과 교육의 미래』(2019), 『포스트휴먼 교수학습론』(2021), 『인공지능기반 교육의 원리와 실제』(2023) 등이 있다. 네 저서는 각각 2019, 2020, 2022년 세종우수학술도서와 2023년 대한민국학술원 우수도서에 선정된 바 있다. KCI, SCI, SSCI, SCOPUS 등에 120여 편의 논문을 게재했으며, 현재 전북대학교 학부와 대학원에서 교육과정, 질적연구방법론, AI 융합교육 관련 과목들을 가르치고 있다.